W0207472

Karin Hochegger

Gewürzkräuter für naturnahe Gärten

Inhalt

EIN PLÄDOYER FÜR GEWÜRZKRÄUTER

Sonnengereifte Tomaten und etwas frisches Basilikum aus dem Garten – was könnte mehr nach Sommer schmecken? Rosmarin in der Pfanne in wenig Öl angebraten und die Küche duftet intensiv nach Urlaub und Mittelmeer. Kräuter verschaffen uns nicht nur herrliche Geschmackserlebnisse und versorgen uns mit gesunden Wirkstoffen, sie erzeugen auch Stimmungen, manchmal sogar Leidenschaften.

Vorwort

Wer sich auf die Welt der Kräuter einlässt, wird auf jeden Fall mit neuen Erfahrungen belohnt. Der Geschmackssinn wird intensiver, die Nase feiner und die Lust und Freude am Experimentieren größer. Sehr schnell wird dann klar, welch großer Unterschied zwischen frischen Kräutern aus dem Garten und der getrockneten Ware aus dem Supermarkt besteht. Mit der Kräuterküche wächst auch der Kräutergarten und umgekehrt.

Gerade in der heimischen Flora gibt es viele vergessene Würzkräuter, die es neu zu entdecken gilt: Die Doppelrauke, die wie Rucola schmeckt oder die jungen Blätter von Gundermann, Wiesenknopf und Bibernelle, die jeden Frühlingssalat verfeinern; Bärwurz für die herbstlichen Suppen oder Wacholderbeeren für Sauerkraut. Die Liste der feinen Kostbarkeiten aus dem Garten ließe sich lange fortsetzen. Die in diesem Buch vorgestellten Pflanzenporträts stellen nur eine Auswahl aus der langen Liste der Gewürzpflanzen dar.

Wer seine Kräuter liebt, bietet ihnen möglichst passende Standortbedingungen und erspart ihnen künstlichen Dünger oder mit Torf angereicherte Erde. Sie danken uns eine gute Standortwahl und Beetvorbereitung mit problemlosem Gedeihen und vollem Aroma. Ein naturnaher Garten, aber auch ein kleiner Balkon bieten so viele Möglichkeiten für Kräutererlebnisse: zusehen, wie dicke Hummeln die Salbeiblüten erobern, beim Vorübergehen den Thymian streifen und seinen Duft genießen, sattgrüne Korianderblätter für ein asiatisches Gericht ernten, oder einfach nur den ersten Schnittlauch auf ein Butterbrot streuen.

In diesem Sinne – viel Freude bei den Entdeckungen in der Welt der Würzkräuter!

Karin Hochegger
Bad Mitterndorf, Jänner 2006

Gewürzpflanzen – Kräuter mit Geschichte

Gewürzpflanzen gehören zu den ältesten Begleitern der Menschheit. Ohne Würzmittel wäre nicht nur unsere Ernährung, sondern auch unser Leben viel farbloser. Das gilt von der Urgeschichte der Menschheit an bis heute. Das Würzen von Speisen ist ein Grundbedürfnis und seit jeher fanden die Menschen in der Wildflora Pflanzen, die für die Aufwertung von Speisen geeignet waren. Gewürze gehören zu den ältesten Handelsobjekten und waren einst ebenso begehrt wie Gold oder Edelsteine.

Die Welt der Gewürze

Gewürznelken, Zimt, Pfeffer oder Muskatnüsse waren in der Geschichte nicht nur Anlass für Kriege und Eroberungen, sondern auch für die Entdeckung neuer Erdteile. Der exotische Duft von Zimt und Nelken brachte großen Reichtum in die Handelstädte und die Berichte von anderen Weltgegenden beflügelten die Phantasie der Menschen.

GEWÜRZE ALS LUXUSARTIKEL

Lange Zeit waren die Gewürzquellen Süd- und Südostasiens nur auf dem mühsamen Landweg zu erreichen. Erst 1498 entdeckte Vasco da Gama den direkten Seeweg nach Indien um das Kap der Guten Hoffnung. Damit begann die Blütezeit des internationalen Gewürzhandels. Trotzdem blieben exotische Gewürze für die meisten Menschen ein unerschwinglicher Luxus.

Ein Jahrhundert später errichteten die Engländer erste Handelsniederlassungen in Indien. Im Jahre 1600 wurde die Ost-Indische Handelsgesellschaft gegründet, die Mitte des 19. Jhdts. fast den gesamten indischen Subkontinent beherrschte. Die Engländer entwickelten den Gewürzhandel nach neuen ökonomischen Gesichtspunkten. Statt künstlich hochgehaltener Preise strebten sie einen Massenumsatz an und haben so die weltweite Verbreitung der Gewürze vorangetrieben.

Heute sind Gewürze wie Zimt oder Pfeffer für alle erschwinglich und selbstverständlich geworden. Sie sind in jedem Supermarkt erhältlich und haben viel von ihrem exotischen Flair verloren. In der Folge erleben viele heimische und mediterrane Küchenkräuter eine Renaissance. Gewürze waren und sind in gewisser Weise aber immer noch Luxusartikel. Heute besteht der Luxus allerdings darin, Zeit und Platz für ein Gewürzkräuterbeet zu haben, täglich büschelweise Petersilie ernten zu können, oder soviel Salbei zu kultivieren, um mindestens einmal im Jahr Salbeiblätter in Bierteig zubereiten zu können.

EINE ENTDECKUNGSREISE IN DIE WELT DER WÜRZKRÄUTER

Die Welt der Gewürze kennenzulernen, gleicht auch heute noch einer Entdeckungsreise. Wir fahren allerdings nicht in den fernen Orient; unsere Reise geht vielmehr in eine heimische Kräutergärtnerei, wo wir staunend an den verschiedensten Thymiansorten riechen können. Unser Ausflug wird uns auch auf eine Wiese oder an einen Feldrain führen, wo ebenfalls Würzkräuter zu finden sind. Die folgenden Kapitel dienen als Reiseführer, um mit Nase und Gaumen viele neue Welten zu erforschen. Beschrieben werden also nicht exotische Gewürze aus aller Welt, sondern Kräuter, die in unserem Garten wachsen und in der Küche als Gewürz verwendet werden können.

Würzkräuter im Garten

Die vielen verschiedenen Würzkräuter bereichern unseren Garten mit ihren Blüten und ihrem Duft und den Speiseplan mit ihrem Aroma. Der große Vorteil der Kultivierung von Würzpflanzen direkt vor der Haustür ist, dass wir damit ein Mass an Frische und ein Aroma erzielen können, das nicht mit der getrockneten, oft lange gelagerten, und mehrmals verpackten Ware aus dem Handel zu vergleichen ist. Ein Qualitätsmerkmal der Kräuter ist ihr Gehalt an Inhaltsstoffen, der stark schwanken kann. Vor allem jener an ätherischen Ölen, die die Intensität des Aromas bestimmen. Nur mit einem standortgerechten Kräuteranbau lässt sich beste Qualität erzielen. Mit dem eigenen Kräutergarten erschließt sich eine neue Welt, in der es viel zu riechen, zu schmecken und auszuprobieren gibt.

Über das Aroma

WIE ENTSTEHT DAS AROMA? Um das Wesen und die Eigenschaften von Würzkräutern besser verstehen und damit auch besser einsetzen zu können, ist es hilfreich, etwas über die Inhaltsstoffe der Pflanzen zu wissen. Woher kommt eigentlich das Aroma und der typische Geschmack der Würzkräuter?

Das Aroma von Kräutern, das wir zuerst mit der Nase wahrnehmen, geht bei den meisten Gewürzen von den ätherischen Ölen aus. Bei Sonneneinstrahlung kommt es vor, dass Pflanzen, deren ätherische Öle nahe der Oberfläche eingelagert sind, zu duften beginnen. Aber auch schon bei sanfter Berührung geben viele Kräuter ihre Duftstoffe ab. So können Rosmarin, Thymian oder Salbei auch mit geschlossenen Augen wahrgenommen werden. Das Wort »ätherisch« wird vom griechischen »aither« abgeleitet, was so viel bedeutet wie »Himmelsluft«.

Neben den ätherischen Ölen gibt es noch andere Aromastoffe wie Gerb- und Bitterstoffe, die bitter schmecken, beim Knoblauch auch schwefelhaltige Verbindungen. Viele Würzkräuter enthalten auch Mineralstoffe und Vitamine. Meist ist die Gesamtheit dieser zum Teil noch unerforschten Pflanzeninhaltsstoffe auch für die verschiedenen Heilwirkungen der Kräuter verantwortlich.

ÄTHERISCHE ÖLE
werden von den Pflanzen in speziellen Zellen gebildet und gespeichert:

- **AN DEN BLÄTTERN** wie bei Basilikum, Rosmarin oder Thymian
- **IN DEN BLÜTEN** wie bei Jasmin, Rose, Kamille
- **AN DEN SCHALEN** bei allen Zitrusfrüchten
- **IM HOLZ** bei Zedern- oder Sandelholz
- **IN DEN WURZELN** wie bei Ingwer, Iriswurzel
- **IN DER RINDE** Zimtrinde
- **IM HARZ** bei Myrrhe oder Styrax
- **IN DEN SAMEN** bei Anis, Fenchel oder Kümmel

Würzkräuter als Heilpflanzen

Salbei

Die ätherischen Öle in den Pflanzen verbessern nicht nur den Geschmack, sie wirken auch appetitanregend und fördern die Bildung von Speichel und Magensaft. Beides beeinflusst die Verdauung positiv. Gewürze enthalten außerdem lebensnotwendige Bestandteile wie Vitamine und Mineralstoffe, die das Wohlbefinden und die Leistungsfähigkeit steigern. Von all diesen Inhaltstoffen geht auch eine Vielzahl von Heilwirkungen aus; daher ist die Grenze zwischen Heil- und Würzkräutern fließend. Dies bietet die Möglichkeit, mit einer schmackhaften Küche auch gleichzeitig unserer Gesundheit Gutes zu tun.

KLOSTERGÄRTEN UND KRÄUTERMEDIZIN Die Tradition der Heil- und Würzküche geht in Mitteleuropa vor allem auf die Klostergärten und die Kräutermedizin des Mittelalters zurück. Liest man in alten Kräuterschriften, so werden auch Wirkungen beschrieben, die uns heute recht seltsam anmuten. Sehr oft wird ein Kraut als Gegengift gerühmt, denn die Angst vor vergifteten Speisen war damals weit verbreitet. Auch gegen Pest und Unkeuschheit – das galt in erster Linie für die Mönche - sollte so manches Kraut helfen. Umgekehrt galten aber auch viele Küchengewürze als Liebespflanzen, denn die Liebe geht ja bekanntlich auch durch den Magen.

GESUND DURCH KRÄUTER Neben allen Mythen und Geschichten rund um die Würzkräuter gibt es aber auch wissenschaftlich erwiesene Fakten: Viele Gewürze wirken beruhigend auf den Magen-Darm-Trakt (Majoran, Kümmel, Thymian, Fenchel). Darüber hinaus wirken Gewürze antibakteriell und infektionshemmend (Bärlauch, Salbei, Thymian, schwarzer Pfeffer, Nelken). Sie entwässern und entgiften (Petersilie, Bärlauch, Gundelrebe), was vor allem im Frühling von großem Wert ist. Sie stärken das Immunsystem, unterstützen den Blutkreislauf und können das Cholesterin senken, Thrombosen verhindern und Krebsgefahr mindern. Gewürze sind somit kostbare Naturprodukte von unschätzbarem Wert für die Menschen.

Würzkräuter für jede Jahreszeit

Wer einen Garten betreut, wird unweigerlich den Wechsel der Jahreszeiten spüren. Auch die Kräuterküche ist nicht unabhängig von den verschiedenen Phasen des Jahreskreises. Die Gewürze liefern uns dabei oft wichtige Stoffe, um unseren Körper auf die verschiedenen Übergänge vorzubereiten, ihn zu entschlacken, zu erfrischen oder zu erwärmen.

DIE ERSTEN FRÜHLINGSBOTEN Kräuter wie Bärlauch, Kerbel, Gundelrebe, Schnittlauch, Sauerampfer, Knoblauchsrauke oder Tripmadam sind gerade zu dieser Jahreszeit besonders schmackhaft und reich an Vitamin C und Heilstoffen, die zur Blutreinigung notwendig sind. Sie vertreiben die Frühjahrsmüdigkeit und reinigen das Blut.

FRÜHSOMMER Nach der Entschlackung und den Vitaminspritzen des Frühjahrs kommt die Zeit, in der die grünen Blätter im Überschuss wachsen. Wir können damit unsere Reserven auffüllen, Vitamine und Mineralstoffe tanken, der Blutarmut entgegen wirken und unsere Vitalität steigern. Petersilie, Doppelrauke, Wiesenknopf, Bibernelle, Estragon oder Gewürzfenchel liefern schmackhafte Beigaben an Salate, die uns mit vielen Vitaminen versorgen.

IM SOMMER haben die duftenden Kräuter aus der Mittelmeerregion Hochsaison. Wer im Sommer matt und müde wird, sollte sich immer an den Rosmarin erinnern, der den Blutdruck reguliert und belebend wirkt, auch Basilikum, Bohnenkraut, Oregano und Salbei wirken kräftigend. Ihr Aroma ist wie gemacht für sonnengereifte Tomaten und leichte Sommergerichte.

HOCHSOMMER Der Hochsommer ist die große Erntezeit und viele Gewürze erreichen ihren Höhepunkt an Aroma und Inhaltsstoffen. Mit einer reichen Kräuterernte holt man sich auch für den Winter anregende, kräftigende Heilstoffe.

HERBSTREIFE Im Herbst, wenn die Früchte von Kümmel, Koriander, oder Fenchel reifen, ist die große Zeit der Suppen gekommen. Diese Würzkräuter wärmen uns innerlich und helfen uns, die ersten kühlen Tage ohne Erkältung zu überstehen.

WINTER Im Winter hingegen ist Hochsaison für viele exotische Gewürze wie Ingwer, Zimt und Nelken, die unser Immunsystem anregen und die ebenfalls wärmend wirken. Doch auch getrocknete Kräuter wie Thymian, Majoran oder Bärwurz sind für kräftigende Eintöpfe ein wunderbares Würzmittel, das auch unserer Gesundheit zu Gute kommt.

Bei vielen Kräutern lohnt sich eine Anzucht aus Samen, oder eine Vermehrung mit Stecklingen – man hat dann gleich eine größere Menge an Pflanzen zur Verfügung.

Kräuteranbau im Garten

Der standortgerechte Kräuteranbau in Form von Mischkultur, Gewürzbeet, Kräuterschnecke oder im Topf, trägt maßgeblich zu Geschmack und Qualität der Kräuter bei. Kräuter entfalten immer dann ihr volles Aroma und damit auch ihre ganze Würz- und Heilkraft, wenn sie unter passenden Bedingungen wachsen können. Um die Pflanzen und ihre Bedürfnisse besser zu verstehen, ist es hilfreich, ein wenig mehr über ihre Herkunft und damit über ihre natürlichen Standortbedingungen zu wissen.

Standortgerechter Kräuteranbau

Steine im Kräuterbeet fungieren auch als Wärmespeicher.

Viele der mediterranen Küchenkräuter wie z. B. Salbei, Majoran oder Oregano benötigen für ihr optimales Gedeihen viel Sonne und Wärme, sowie einen durchlässigen und mageren Boden. Sie fühlen sich in einem schotterigen, steinigen Substrat wohl und benötigen kaum Kompost – und schon gar keinen künstlichen Dünger.

UNTERSCHIEDLICHE LEBENSRÄUME

Kein Wunder also, dass z. B. eine »gut gedüngte« Salbeipflanze in einem Beet, das mit Rindenmulch abgedeckt und mit Torferde angereichert wird, wenig Aroma hat. Wahrscheinlich wird die Pflanze den Winter nicht überleben, da eine Düngung mit Stickstoff auch die Winterhärte vermindert. In einer kalkhältigen schotterigen Erde hingegen, zwischen größeren Steinen eingebettet und mit Kies gemulcht, gedeiht der Salbei ohne viel Pflege und entwickelt seinen herb-würzigen Duft.

Nährstoffliebende Kräuter, wie z. B. Liebstöckel, gedeihen in normalem Gartenboden und können mit Kompost, kompostiertem Mist, oder Brennnesselbrühe gedüngt werden. Manche Kräuter wie Bärwurz oder Bärlauch vertragen einen halbschattigen, eher feuchten Standort. Im Garten werden daher eine Reihe von unterschiedlichen Lebensräumen benötigt, um für bestimmte Würzkräuter die optimalen Lebensbedingungen schaffen zu können.

Gerade im Naturgarten mit seinen Hecken, Trockenmauern, Wegrändern, oder spät gemähten Randbereichen finden sich viele Nischen und Plätze, die den Kräutern bestmögliche Lebensbedingungen bieten. Wenn in dieser Weise auf die einzelnen Bedürfnisse der Kräuter eingegangen wird, belohnen sie uns mit problemlosem Gedeihen und einer aromareichen Ernte. Dies ist ein Grund mehr, sich viele Kräuter in den Garten zu holen, denn dort können sie standortgerecht angebaut und ganz frisch geerntet werden.

TIPP **Eine biologische Anbauweise ist im Kräutergarten wichtig, denn so erhält man das bessere Aroma. Auch beim Einkauf von Pflanzen sollte man in erster Linie auf die Qualität und nicht so sehr auf die Geldbörse achten. Biologisch gezogene Pflanzen aus einer Kräutergärtnerei sind der billigeren Massenware in Baumärkten vorzuziehen.**

WÜRZKRÄUTER HABEN VIELE VORTEILE Ein großer Vorteil vieler Würzkräuter ist auch ihre geringe Anfälligkeit für Krankheiten.

Auf Grund ihrer Aromastoffe werden sie bis auf wenige Ausnahmen (wie zum Beispiel Basilikum) von Schnecken und anderen Schädlingen gemieden. Das erleichtert das Gärtnern und bietet auch für Menschen mit wenig Zeit die Möglichkeit, Kräuter im Garten anzubauen und dazu auch noch würzige Köstlichkeiten für die eigene Küche zu kultivieren.

ÜBERWINTERUNG VON WÜRZKRÄUTERN Da viele Würzkräuter ursprünglich aus wärmeren Regionen stammen, sind einige Regeln für eine erfolgreiche Überwinterung zu beachten:

- Keine Düngung im Spätsommer oder Herbst, dies regt das Wachstum an und die frischen Triebe sind besonders frostgefährdet.
- Auch Schnittmaßnahmen regen neues Wachstum an und sind daher im Herbst nicht günstig. Alle mediterranen Kräuter daher besser im Frühjahr in Form schneiden.

Auf den idealen Erntezeitpunkt wird in den einzelnen Pflanzenporträts eingegangen.

Ein Glashaus ermöglicht einen früheren Start ins Kräuterjahr.

Mischkultur

Kräuter sind ein Blickfang in jedem Garten.

Kräuter lassen sich in einem Garten vielfältig integrieren. Die meist hübschen, unkomplizierten Kräuter verschönern nicht nur die Beete, sie tragen auch zu einem gesunden Bodenleben bei und können mit ihrem Duft unliebsame Gäste vertreiben.

Gemüse und Würzkräuter kombinieren

In den traditionellen Bauerngärten, die auf die mittelalterlichen Klostergärten zurückgehen, werden viele Würzkräuter zwischen dem Gemüse angebaut. Dies vereinfacht die Ernte: Lauch und Karotten für eine Gemüsesuppe kommen zugleich mit Petersilie und Liebstöckel in den Erntekorb. Die Mischkultur hat darüber hinaus den Vorteil des natürlichen Pflanzenschutzes. Eine kleine Hecke aus Thymian wird von Nacktschnecken meist gemieden, auch Lavendel, Bohnenkraut, Salbei und Weinraute sind nicht beliebt bei Schädlingen. Ihr Duft kann auch die Kohlweißlinge ablenken.

Diese Form der Mischkultur baut eine gesunde Pflanzengemeinschaft auf. Viele Würzkräuter vertragen sich besonders gut mit Gemüsepflanzen. Sehr oft sieht man daher in den Bauerngärten eine kleine Schnittlauchhecke am Rande des Salatbeetes oder Knoblauchreihen bei den Erdbeeren. Das Bohnenkraut findet sich oft im Bohnenbeet, wo es die Blattläuse vertreiben soll. Basilikum als südliches, wärmeliebendes Kraut wächst gut bei Tomaten und Gurken.

Die Gestaltung von Gewürzkräuterbeeten

Neben der Mischkultur im Gemüsegarten gibt es natürlich auch die Möglichkeit eigene Beete für die Würzkräuter anzulegen. Die Beispiele auf Seite 19 bieten Anregungen für die Gestaltung von Gewürzbeeten.

Würzkräuter im Topf

Viele Kräuter eignen sich auch für Topfkultur.

Auch Balkon oder Fensterbank eignen sich zum Ziehen von Kräutern. In einer Kübel- oder Blumenkastenbepflanzung ist zunächst ebenfalls eine Drainageschicht notwendig, auf die magere Erde aufgebracht wird. Mit kleinen Kalksteinen kann auch hier die Erde abgedeckt werden. Ein Fenster oder ein Balkon, in Richtung Südwest oder Südost gelegen, ist ideal. Nur muss hier darauf geachtet werden, dass es den Kräutern an besonders heißen Tagen nicht an Wasser mangelt. Denn auch wenn sie an trockene Böden angepaßt sind – völlig austrocknen sollte der Boden nach Möglichkeit nie. Pflanzen, die es dauernd feucht bis naß benötigen, wie die Brunnenkresse, können in kleinen Kübeln gezogen werden, in denen dauernd Wasser vorhanden sein sollte.

TIPP **Bei nährstoffliebenden Pflanzen wie Schnittlauch, Basilikum, oder Petersilie sollte, auch wenn sie im Topf gehalten werden, auf chemische Dünger verzichtet werden. Besser sind organische Dünger mit einem ausgewogenen Kohlenstoff (C)/ Stickstoff (N)-Verhältnis (10:1 bis 15:1). Das C/N-Verhältnis verhindert eine Überdüngung und damit einen Verlust an Aroma sowie Wirkstoffen. Viele der Kräuter mögen es ohnehin eher karg.**

Kräuterschnecke

Die Kräuterschnecke wird seit einigen Jahren als ideale Anbauform für Kräuter mit ganz unterschiedlichen Bedürfnissen gepriesen. Ursprünglich wurde sie von Bill Mollison, dem Begründer der Permakultur entwickelt. Die Prinzipien der Permakultur werden bei der Kräuterschnecke auf einfache Weise umgesetzt. Hier hat man die Möglichkeit, feuchtigkeitsliebende Minze und trockenheitsresistenten Thymian auf kleinstem Raum zu kombinieren. Die Kräuterschnecke lässt die Möglichkeit zu, den jeweiligen Kräutern genau jene Bodenverhältnisse anzubieten, die sie bevorzugen, von nährstoffreich bis mager, von sumpfig-feucht bis sandig trocken.

Anleitung zum Bau einer Kräuterschnecke

Es ist günstig, die Kräuterschnecke in Richtung Nord-Süd anzulegen, denn dadurch wird die Sonneneinstrahlung optimal ausgenutzt. Die Steine speichern tagsüber die Wärme der Sonne und geben sie nachts langsam an den Boden ab. Durch die Möglichkeit Wärme zu speichern, können Nachtfröste bis -5 °C abgefangen werden. Oben, in der Mitte der Spirale, fühlen sich die Mittelmeerpflanzen wohl, in den unteren Bereichen gedeihen eher Pflanzen, die feuchtere und kühlere Zonen bevorzugen.

ANLAGE

- Auf einer annähernd kreisrunden Fläche von etwa 2m Durchmesser wird die oberste Bodenschicht spatentief abgehoben. Die entstandene Grube wird mit alten Ziegelsteinen oder mit grobem Bauschutt ausgelegt und mit Kies oder Kalkbruch aufgefüllt, der als Drainage wirkt. In der Mitte wird ein 40–50 cm hoher Steinhaufen errichtet.
- Auf der Kiesschicht wird mit größeren Steinen eine Spirale markiert. Entlang der Steinmarkierung wird mit Natursteinen eine ansteigende Mauer aufgebaut, die im Zentrum der Spirale etwa einen halben bis einen Meter hoch sein sollte.
- Anschließend wird die Kräuterschnecke mit verschiedenen Erdmischungen angefüllt. Man beginnt außen mit lehmiger Gartenerde, danach folgen Mischungen aus Kompost und Erde, die in ein Gemisch aus Sand, Erde und Kompost übergehen, bis schließlich ein ganz mageres, sandiges Substrat den Mittelpunkt bildet.
- Wer seine Spirale mit einem kleinen Teich ergänzen will, kann am Südende der Spirale ein ca. 80 cm tiefes Loch ausheben, das mit einer Teichfolie ausgelegt wird. Der Folientümpel wird am Boden mit einem Sand-Erde-Gemisch bedeckt und anschließend mit Wasser gefüllt. Gieß- und Niederschlagswasser, das nicht gleich in den Boden sickert, kann so in den kleinen Teich hinein abrinnen.

TIPP **Eine Kräuterschnecke bietet den Vorteil, mit gestreckten Armen auch noch die Kräuter im erhöhten Mittelpunkt ernten zu können. Wer den Durchmesser größer wählt, muss Trittsteine in die Schnecke legen.**

Die Bepflanzung einer Kräuterschnecke

Beispiel für die Bepflanzung mit mehrjährigen Kräutern von außen nach innen: Brunnenkresse beim Teich, Minze, Sauerampfer, Gundelrebe, Pimpinelle, Schnittlauch, Petersilie, Liebstöckel, Estragon, Salbei, Oregano, winterharter Majoran, Bohnenkraut, Ysop und Thymian. Höherwachsende Pflanzen wie das Liebstöckel sollten eher zum Mittelpunkt hin gesetzt werden, das erleichtert die Pflege.

Zuerst Steine oder alte Ziegel im Zentrum aufschichten.

Die Schnecke vom Teich ausgehend mit Steinen auslegen.

TIPP **Durch die Vielfalt der Lebensbedingungen bietet die Kräuterspirale auch einer ganzen Reihe von Tieren Lebensmöglichkeiten. Es sind darunter eine Vielfalt von Nützlingen im Garten wie z.B. eine große Anzahl von Insekten und Eidechsen. Es hat sich auch bewährt einen Igelunterschlupf einzuplanen – dann hat man gleich einen Helfer bei der Schneckenbekämpfung.**

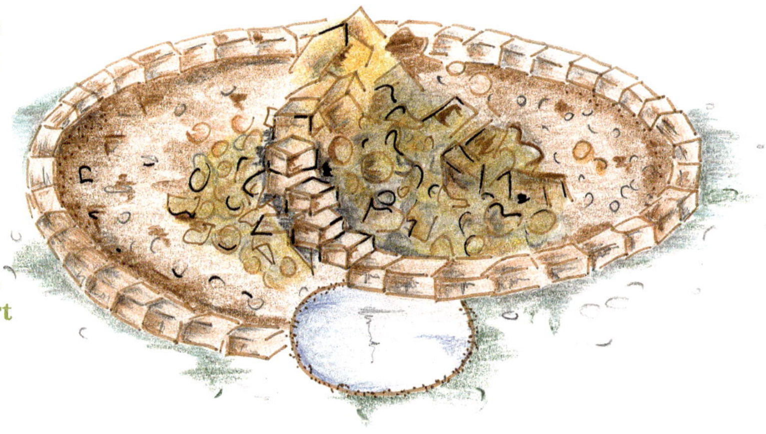

Mit einer Reihe aus Steinen oder Ziegeln einen Mittelpunkt aufsetzen.

Hochbeet

Wer keine Kräuterschnecke anlegen will, kann die seit dem Mittelalter beliebte Form des Hochbeetes versuchen. Die Einfassung des Beetes mit Holzbrettern oder Steinen hat einige Vorteile hinsichtlich der Pflege und sorgt außerdem für einen durchlässigen, lockeren Boden. Das attraktive Beet braucht nicht irgendwo in den Hintergrund verbannt zu werden, sondern es steht ihm ein sonniger Platz vor oder neben dem Haus zu. Praktisch ist jedenfalls, wenn es von der Küche aus leicht erreichbar ist.

Da viele Gewürzkräuter zu den Sonnenliebhabern zählen, sollte der Platz Richtung Süden oder Südosten ausgerichtet sein. Große Steine oder eine Einfassung mit einer niederen Hecke verbessern zusätzlich das Mikroklima.

Anleitung für den Bau eines Hochbeetes

Das Beet wird in der gewünschten Größe abgesteckt und die Grasnarbe abgestochen und kompostiert. Das Beet sollte zuerst eine Dränageschicht aus einem durchlässigen Material erhalten, am besten eignet sich Kalkschotter. Darauf folgt eine Schicht magerer, wenig lehmhaltiger Mutterboden. Ist der Mutterboden schwer und stark gedüngt, sollte er mit Sand und Kalk vermischt werden, um ihn magerer zu machen. Eine Hälfte des Beetes wird für nährstoffliebende Pflanzen mit guter Erde und reifem Kompost gefüllt. Hier wachsen dann Liebstöckel, Petersilie, Schnittlauch und Basilikum. Die andere Hälfte wird – für Pflanzen, die einen mageren Boden bevorzugen – mit einem Sand-Erdgemisch (1:1) gefüllt.

Der Größe nach pflanzt man den Thymian an den vorderen Beetrand, er bleibt nieder und bildet dichte Matten. Dahinter können Oregano und winterfester Majoran, sowie Salbei, Bohnenkraut und Estragon gruppiert werden. In der Mitte wird der Rosmarin über den Sommer in die Erde gepflanzt, oder samt Topf eingegraben. Besonders gut macht sich eine Abdeckung mit Kalksteinen zwischen den Kräutern. Der Kalkstein speichert zusätzlich Wärme. Durch die Wärme wird die Produktion von ätherischem Öl angeregt, was wiederum das Aroma der Kräuter steigert.

Die nährstoffliebenden Kräuter sind im nährstoffreichen Teil der Beetes eingeplant. Sie können mit Grasschnitt gemulcht werden. Wichtig ist, bei der Anlage zu berücksichtigen, dass großen Pflanzen wie dem Liebstöckel genügend Platz eingeräumt wird.

Gewürzkräuterbeet mit Brettern eingefasst

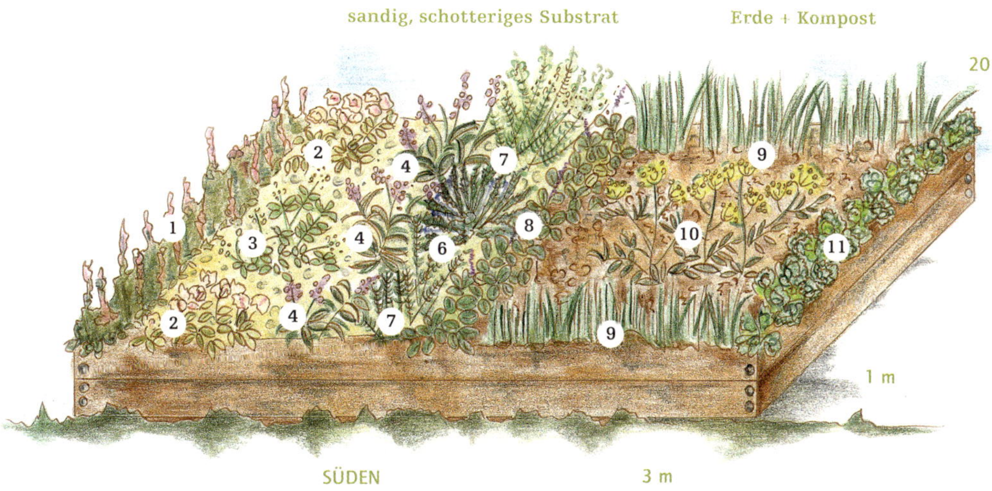

1 = Thymian
2 = Oregano
3 = Majoran
4 = Salbei
5 = Bohnenkraut
6 = Rosmarin
7 = Estragon
8 = Basilikum
9 = Schnittlauch
10 = Liebstöckel
11 = Petersilie

Gewürzkräuterbeet mit Steinen und Brett eingefasst

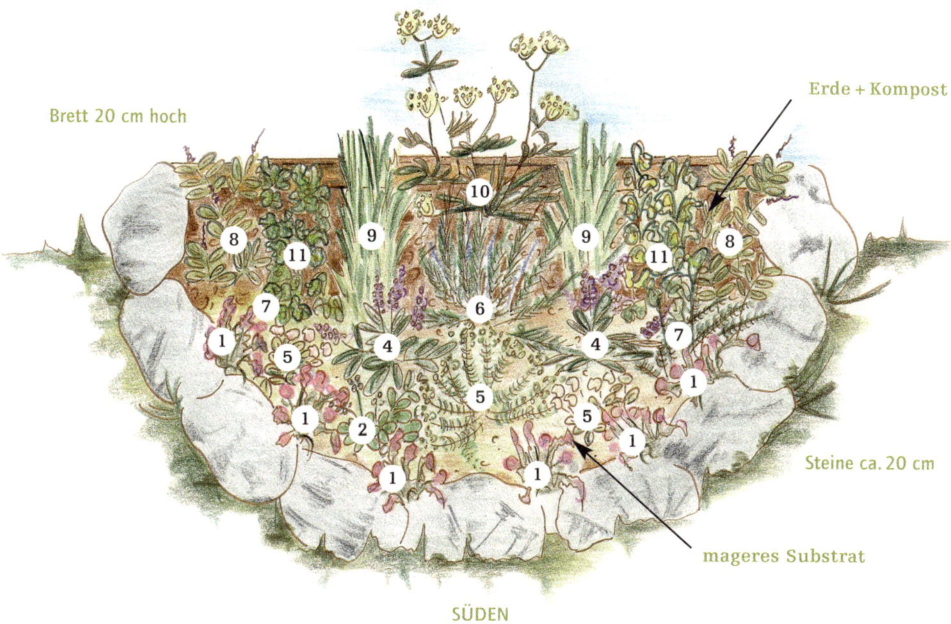

Die beliebtesten Küchenkräuter

Eigene Kräuter jederzeit frisch ernten zu können, ist wohl eine der schönsten Bereicherungen, die man sich in einem Garten vorstellen kann. Kräuter erfreuen uns durch ihr Aussehen, ihren Duft, vor allem aber durch ihren Geschmack. Weiß man nicht nur um die Herkunft, den Anbau und die Ernte von Kräutern, sondern auch um deren Verwendung in der Küche und Hausapotheke Bescheid, endeckt man erst die wahre Vielfalt jener kostbaren und faszinierenden Pflanzen.

Basilikum

Ocimum basilicum

Das Basilikum wurde wahrscheinlich zuerst in Indien kultiviert, wo es noch heute als heilige Pflanze verehrt wird. Die Griechen haben das Basilikum auf den Feldzügen Alexanders des Großen kennen gelernt und ihm den würdigen Namen Königskraut gegeben. Der Name Basilikum leitet sich vom griechischen basileus »König« ab.

Im Laufe der weiteren Geschichte wurde dem Kraut allerdings sehr viel Negatives zugeschrieben. Erst gegen Ende des Mittelalters als immer neue Formen in neuen Geschmacksvarianten aus dem Orient nach Mitteleuropa kamen, geriet sein schlechter Ruf langsam in Vergessenheit.

Heute bereichern die vielen verschiedenen Sorten des Basilikum nicht nur die Gewürzpalette der italienischen und indischen Küche, sie haben mit ihrem feinen Aroma auch in nördlichen Breiten weite Verbreitung gefunden.

INHALTSSTOFFE UND HEILWIRKUNG

Für den Geschmack und die heilkräftige Wirkung des Basilikum sind vor allem ätherische Öle verantwortlich. Innerhalb der Art gibt es verschiedene Zusammensetzungen, die den zimtartigen, zitronigen, oder eher pfeffrigen Geschmack bestimmen. Auch Faktoren wie Klima, Boden und Erntezeitpunkt üben sowohl auf die Qualität, als auch auf die Quantität des ätherischen Öls einen großen Einfluss aus. Basilikum wirkt entkrampfend auf den Magen-Darm-Bereich und beruhigt die Nerven.

ANBAU UND ERNTE

Basilikum ist als sonnenverwöhnter Südländer einjährig und in unseren Breiten im Freiland nicht immer leicht zu kultivieren. So kann eine Topfkultur bei entsprechender Aufmerksamkeit weitaus erfolgreicher sein und diversen Erkrankungen der Pflanze vorbeugen. Wichtig ist eine gute Nährstoffversorgung der Erde mit Kompost. Beim Gießen sollte man darauf achten die Blätter nicht zu befeuchten.

Der Jungpflanzeneinkauf sollte möglichst bei einem biologischen Betrieb erfolgen, da bei Massenware schon die kleinen Pflänzchen häufig mit Pilzerkrankungen infiziert sind und dann trotz bester Pflege frühzeitig verdorren. Alternativen bieten die Selbstaussaat und das kontinuierliche Nachsäen. Bei Temperaturen unter +10°C nehmen die Pflanzen Schaden, daher darf es auch nicht zu früh ausgesät werden.

Vor der Blüte können die Blätter laufend geerntet werden, wobei keine einzelnen Blätter, sondern ganze Blatttriebe (Stängel mit zwei oder mehr Blattpaaren) gepflückt werden sollten. Damit wird ein buschiges Wachstum und eine lang anhaltende Ernte garantiert. Die beste Erntezeit ist kurz vor der Blüte, wenn die ersten Knospen sichtbar werden. Basilikumblätter sollten, wenn immer möglich, frisch verwendet werden, da sie getrocknet innerhalb weniger Wochen ihr gesamtes Aroma verlieren.

VERWENDUNG IN DER KÜCHE

Das aromatische Kraut passt am besten zu Tomaten, Paprika und Melanzani, aber auch zu Nudelgerichten, Kräutersoßen, Kräuterbutter und Salaten. Ganze Zweige geben Öl oder Gewürzessig eine besondere Note. Die Blätter sollten nicht mitkochen und erst ganz zum Schluss den Speisen beigegeben werden. Wo es verwendet wird, sollte es den Ton angeben – es darf deutlich hervorschmecken!

BASILIKUM IN DER HAUSAPOTHEKE

Basilikum heitert traurige Gemüter auf, ein Tee aus den frischen Blättern wirkt auch bei Verdauungsstörungen.

TIPP **Von Basilikum gibt es mittlerweile eine große Sortenvielfalt mit unterschiedlichen Geschmacksrichtungen.**

Sobald das Basilikum blüht, wird der Geschmack streng und bitter. Dafür lassen sich dann bald Samen ernten.

Estragon
Artemisia dracunculus

Französischer Estragon

Der Estragon stammt aus Zentralasien. Die ältesten Hinweise über seine Verwendung als Gewürz stammen aus China. Es ist nicht bekannt, von wem und zu welcher Zeit die hocharomatischen Kulturformen entwickelt wurden; auch der Zeitpunkt der Einführung in Europa lässt sich nicht mehr bestimmen. Vor allem die französische Küche hat den Estragon für sich entdeckt. Er ist ein Bestandteil der berühmten Gewürzmischung »fines herbes«.

INHALTSSTOFFE UND HEILWIRKUNG

Der so genannte »Französische Estragon« ist die am stärksten aromatische Zuchtform und enthält bis zu 3% ätherisches Öl, mit feinem typischen Estragon-Aroma. Der »Russische Estragon«, hingegen enthält wesentlich weniger ätherisches Öl (max 1%). Daher zeigt er nicht das angenehm süße Aroma des Französischen Estragon; stattdessen bewirken Flavonoide einen herben, adstringierenden Geschmack. Diese minderwertigere Art, die wahrscheinlich der ursprünglichen Wildform des Estragon entspricht, lässt sich jedoch im kalten Klima viel leichter kultivieren und wird deshalb in Gärtnereien bevorzugt gehandelt. Estragon fördert den Appetit und regt die Bildung von Magensaft an.

ANBAU UND ERNTE

Auch beim Anbau unterscheiden sich die zwei Kulturformen des Estragon wesentlich. Russischer Estragon wird aus Samen gezogen, ist winterhart und starkwüchsig, aber wenig aromatisch. Er soll nicht umgesetzt werden, da der Geschmack milder und aromatischer wird, wenn die Pflanze lange an einem Platz steht. Französischer Estragon hingegen ist nur vegetativ, d.h. durch Stecklinge vermehrbar, hat einen viel feineren, würzigen Geschmack und benötigt sonnige, geschützte Lagen. Winterschutz und ein Standortwechsel alle drei Jahre sind vorteilhaft.

Für beide Arten gilt: je öfter ein Rückschnitt erfolgt, desto buschiger wächst die Pflanze.

Auch während der Wachstumsperiode können ständig Blätter für den frischen Gebrauch entnommen werden. Der Russische Estragon erreicht seine größte Würzkraft, wenn sich die Blütenknospen bilden und kann dann auch zum Einlegen in Essig geerntet werden. Der Französische Estragon kommt nicht zur Blüte und hat immer die gleiche Würzkraft. Das Kraut sollte frisch verwendet werden, da es getrocknet nur noch ein sehr schwaches Aroma besitzt.

VERWENDUNG IN DER KÜCHE

Verwendet wird Estragon zum Würzen von Salaten, Geflügel- oder Pilzgerichten und Saucen. Kräuteressig, Aufstriche oder Topfenkäse gewinnen mit einigen Blättchen Estragon.

GEWÜRZMISCHUNG »FINES HERBES«

Petersilie, Kerbel, Estragon und Schnittlauch mit dem Wiegemesser fein hacken und zu gleichen Teilen miteinander vermengen. Diese Mischung passt gut zu Salaten, Brotaufstrichen oder Frischkäse.

ESTRAGON IN DER HAUSAPOTHEKE

Estragonessig wird medizinisch zur Schweißtreibung und Menstruationsförderung eingesetzt. Ein Tee aus den frischen oder getrockneten Blätter wird bei Appetitlosigkeit empfohlen.

ESTRAGONESSIG

ZUBEREITUNG

2 Tassen Estragon, sowie 2 Schalotten in ein sauberes, breithalsiges Gefäß geben und mit 1 Liter gutem Weinessig bedecken. Das Glas verschließen und an einem sonnigen Platz etwa 4–6 Wochen ziehen lassen.

Danach den Essig zur längeren Haltbarkeit durch einen Kaffeefilter gießen und in keimfreie Flaschen füllen.

Zur Verzierung kann man einen frischen Zweig einlegen, der allerdings zur Gänze mit Essig bedeckt sein muss, sonst besteht die Gefahr von Schimmelbildung.

Russischer Estragon

Liebstöckel

Levisticum officinale

Das Liebstöckel stammt aus Zentralasien, die heutige Verbreitung des Liebstöckel in Mitteleuropa geht auf das frühe Mittelalter zurück. Griechen und Römer nutzten die Pflanzen in vielfacher Weise: die Samen wurden gekaut, um die Verdauung anzuregen und um Blähungen zu vermeiden. Die Wurzel diente als Medizin und die Blätter würzten Suppen und Eintöpfe. Die Wurzel wurde im Mittelalter für allerhand Liebeszauber verwendet, und so manche Mutter soll ihre Tochter mit Liebstöckel gebadet haben, damit sie zu einer begehrten Frau heranwächst.

INHALTSSTOFFE UND HEILWIRKUNG

Die frischen Blätter enthalten bis zu 0,5% ätherisches Öl. Sie wirken harntreibend, lösen Blähungen und fördern die Verdauung. Tee aus Blättern oder Wurzeln im Badewasser wirkt stärkend auf die Unterleibsorgane der Frau. Für Schwangere oder nierenkranke Personen ist die entwässernde Wirkung jedoch schädlich.

ANBAU UND ERNTE

Diese stattliche, bis zu 2 m hohe Pflanze liebt tiefgründigen, gut bewässerten Gartenboden. Der Standort kann durchhaus im Halbschatten liegen. Sind diese Bedingungen gegeben, kann die Pflanze 10–15 Jahre an einem Platz bleiben. Regelmäßige Kompostgaben und Düngung mit Brennnesseljauche fördern ihr Wachstum. Meist genügt eine Pflanze, um eine Familie mit frischer Suppenwürze zu versorgen. Will man die Pflanze aus Samen ziehen, sollte man auf frisches Saatgut achten.

Zarte, junge Blätter können von Frühjahr bis Spätherbst laufend geerntet werden. Die Blätter lassen sich auch trocknen, verlieren dabei aber deutlich an Aroma. Für medizinische Anwendungen werden die Wurzeln im Herbst gegraben.

VERWENDUNG IN DER KÜCHE

Liebstöckel ist eine klassische Suppenwürze. Werden einige Blättchen in der Suppe mitgekocht, entfaltet es sein volles Aroma und der Volksname »Maggikraut« wird sofort verständlich. Sein charakteristisches Aroma passt zu Suppen, Eintöpfen, sauer Eingelegtem und Kräuteressig. Nach übermäßigem Alkoholgenuss hilft eine kräftig gewürzte Liebstöckelsuppe den Körper zu entgiften.

LIEBSTÖCKEL IN DER HAUSAPOTHEKE

Der Tee aus Blättern oder Wurzel stärkt die Unterleibsorgane und wirkt auf Blase, Gebärmutter, Nieren, Milz, Leber, Magen und Herz heilsam. Bei Migräne oder Menstruationsschmerzen kann eine Messerspitze der pulverisierten Wurzel helfen.

LIEBSTÖCKELSUPPE

4 PERSONEN

- 25 g Butter
- 500 g Kartoffeln
- 4 EL Liebstöckelblätter
- 1 l Gemüsebrühe
- 1 Tasse Schlagobers
- Muskatnuss, Salz und Pfeffer

ZUBEREITUNG

Butter schmelzen, geschälte und gewürfelte Kartoffeln beigeben, ca. 5 Min. dünsten.

Liebstöckel zufügen, Brühe angießen und zum Kochen bringen, zugedeckt ziehen lassen bis die Kartoffeln weich sind.

Abschließend Obers zufügen und pürieren mit Salz, Pfeffer und Muskatnuss abschmecken.

LIEBSTÖCKEL-KAROTTENSALAT

2 PERSONEN

- 2 größere Liebstöckelblätter
- 3 große Karotten
- 1 Apfel
- 125 g Joghurt
- Salz und Schnittlauch.

ZUBEREITUNG

Liebstöckelblätter fein hacken, mit Karotten, Apfel und Joghurt vermischen, salzen und mit Schnittlauch garnieren.

Majoran

Origanum majorana

Majoran ist in den Ländern rund um das Mittelmeer zu Hause. Im warmen Klima bildet er ausdauernde kleine Sträucher, bei uns hält er sich nur einen Sommer. Majoran war ein wichtiges Gewürz in der Küche der Römer. Auch für Kränze und Grabgirlanden fand er Verwendung. Jenseits der Alpen hat er sich nur langsam durchgesetzt, wobei wir auch dieses Würzkraut den Benediktinermönchen und ihren Gärten zu verdanken haben.

INHALTSSTOFFE UND HEILWIRKUNG

Der Gehalt an ätherischem Öl hängt stark von Boden, Klima und Jahreszeit ab und kann zwischen 0,7 und 3,5% schwanken. Majoran wirkt verdauungsfördernd, schleim- und krampflösend, wasser- und schweißtreibend und hormonell dämpfend, er hat auch starke antiseptische Eigenschaften und hilft bei Erkältungen.

ANBAU UND ERNTE

Der Majoran ist einjährig und wird im Garten nach den Eisheiligen an einem warmen, vollsonnigen Platz ausgesät. Später, beim Pikieren, werden immer zwei bis drei Pflänzchen zusammengesetzt. Ziemlich neu in der breiten Kräuterangebotspalette ist der ausdauernde Majoran *(Origanum x majoricum)*, eine Kreuzung aus Majoran und Oregano, der auch in unseren Breiten mit einem leichten Winterschutz gut überdauert. Im Geschmack zeigt er eine Mischung aus beiden Arten.

Frische Triebspitzen können laufend geerntet werden. Den höchsten Gehalt an Aromastoffen haben die Blätter des Majoran kurz vor und während der Blütezeit. Benötigt man einen Vorrat, sollte man ihn daher kurz vor der Blüte fingerhoch über dem Boden abschneiden. Die Pflanze treibt so neuerlich aus und liefert eine zweite Ernte. Getrockneter Majoran verliert nur wenig an Aroma.

VERWENDUNG IN DER KÜCHE

In der Küche finden wir Majoran in fast allen Wurstspeisen und häufig in der Hausmannskost. Diesem Umstand verdankt er auch seinen deutschen Namen Wurstkraut. Blut- und Leberwürste sind ohne Majoran nicht zu denken – und wohl auch nicht zu verdauen. Majoran verträgt sich gut mit Lorbeerblättern, Wacholder und schwarzem Pfeffer.

Er hat aber durchaus seinen Platz in Gemüsegerichten und passt besonders gut zu schwereren Gemüsesorten wie Hülsenfrüchten und Kohl; ausgezeichnet schmeckt er auch mit gebratenen Kartoffeln. Er sollte besser nicht mitgekocht, sondern erst zuletzt den Speisen beigegeben werden.

MAJORAN IN DER HAUSAPOTHEKE

Ein Tee aus dem getrockneten Kraut hilft bei Magen- und Darmbeschwerden. Berühmt ist auch die Majoranbutter bei Schnupfen und Nebenhöhlenentzündungen. Säuglingen kann man mit dieser Butter auch den Bauch einreiben, wenn sie von Blähungen geplagt werden.

MAJORANBUTTER

ZUBEREITUNG

100 g Butter schmelzen und den Schaum abschöpfen.

Eine handvoll frischen Majoran dazugeben und die Masse 30 Min. lang im Wasserbad rühren.

Dann die flüssige Majoranbutter durch ein dünnes Tuch seihen, 5 Tropfen Majoranöl aus der Apotheke zufügen und in ein verschließbares Glas füllen. Kühl gelagert hält sie ca. ein Jahr.

TIPP

Von dieser Butter gibt man bei Schnupfen 3 bis 5-mal täglich ein streichholzkopfgroßes Kügelchen in jedes Nasenloch.

Mit Kies gemulcht, lässt sich der Pflegeaufwand für ein Kräuterbeet reduzieren.

Oregano (griechischer)

Origanum heracleoticum

Verschiedene Arten der Gattung Origanum sind im Mittelmeergebiet heimisch; alle davon werden als Gewürze gehandelt. Der Einfluss von Klima, Jahreszeit und Boden auf die Zusammensetzung des ätherischen Öls ist größer als die Unterschiede zwischen den einzelnen Arten.

Der so genannte Wilde Oregano *(Origanum vulgare)*, der auch bei uns heimisch ist, hat am wenigsten Aroma. Der in Griechenland beheimatete *O. heracleoticum* hingegen ist sehr würzig und hat als typisches Pizzagewürz eine weite Verbreitung gefunden. In Griechenland galt die Pflanze, die ganze Berghänge überzieht, als ein Sinnbild des Glücks.

INHALTSSTOFFE UND HEILWIRKUNG

Der Gehalt an ätherischem Öl (max. 4%) kann sehr stark schwanken; guter Oregano schmeckt fast betäubend stark, während die an kühles Klima angepassten Sorten oft ein sehr unbefriedigendes Aroma aufweisen. Oregano wirkt appetitanregend, krampflösend, nervenstärkend, er hat antibakterielle Eigenschaften und ist ein Heilmittel bei Husten und Asthma.

ANBAU UND ERNTE

Die meisten Arten des Oregano sind auch bei uns winterhart. In speziellen Kräutergärtnereien werden verschiedene Arten und Züchtungen angeboten, deren unterschiedliche Aromen am besten jeder selbst durchkostet. Gemeinsam haben alle Verwandten der Gruppe Origanum, dass sie auf sehr trockenen, mageren Standorten gedeihen, in der Blüte eine Augen- und Bienenweide sind und den Garten um einige Geruchsnuancen bereichern.

Geerntet wird der Oregano vor der Blüte, bei ausgewachsenen Exemplaren sind zwei bis drei Ernten pro Jahr möglich. Der Oregano stellt eine große Ausnahme bei den Gewürzen dar, denn das schonend getrocknete Kraut ist oft aromatischer als das frische.

VERWENDUNG IN DER KÜCHE

Oregano ist die Würze, die uns aus vielen mediterranen Gerichten bekannt ist. Er passt wunderbar für Tomatensaucen, gebratenes Gemüse und gegrilltes Fleisch. Zusammen mit Basilikum und Rosmarin bestimmt er den Charakter vieler

Oregano kann auch in Töpfen kultiviert werden. Nicht alle Sorten bleiben jedoch so kompakt wie die hier abgebildete.

GEGRILLTER TOFU

Eine schmackhafte Alternative zu gegrilltem Fleisch.

ZUBEREITUNG

Tofu Natur wird in genügend Sojasauce, etwas Oregano und zerdrücktem Knoblauch mariniert.

Das Ganze bis zu 8 Std. kühl stellen, anschließend wird der Tofu gegrillt oder in wenig Fett gebraten.

OREGANOBAD

Ein heißes Oreganobad hilft bei einer herannahenden Grippe.

ZUBEREITUNG

100 g getrocknetes Kraut in 1 l kochendem Wasser aufbrühen, 15 Min. ziehen lassen, abseihen und ins Badewasser schütten.

italienischer Gerichte. Nur mit dem ähnlichen Majoran kann es zu Dissonanzen kommen. Die Speise, die man heute am meisten mit Oregano assoziiert, ist zweifellos die Pizza. Oregano lässt sich aber auch gut zu etwas schärfer gewürzten Speisen verwenden.

OREGANO IN DER HAUSAPOTHEKE

Der Tee aus dem frischen oder getrockneten Kraut hilft bei Husten und Bronchialleiden.

Der heimische Dost *Origanum vulgare* eignet sich als Grundlage für diverse Haustee-mischungen.

Petersilie

Petroselinum crispum

Die Petersilie stammt aus dem Mittelmeergebiet und war schon den Römern bekannt. In nördlicheren Breiten gewann sie während des Mittelalters vor allem als Heilpflanze bei Erkrankungen der Harnwege an Bedeutung. Der Sage nach entstand die Petersilie durch die Verschmelzung des Knaben Peter mit dem Mädchen Silie – Ein Hinweis auf ihre Verwendung als Aphrodisiakum.

INHALTSSTOFFE UND HEILWIRKUNG

Es gibt drei Kultursorten der Petersilie, die sich zum Teil in ihren chemischen Eigenschaften unterscheiden: *Petroselinum var. latifolium* (breitblättrig) und *P. var. crispum* (kraus) werden wegen der Blätter angebaut, während P. var. tuberosum die Wurzel liefert.

Die ätherischen Öle aus Blättern und Wurzel sind im Wesentlichen gleich zusammengesetzt. Bei den krausen Sorten ist der Gesamtgehalt an ätherischem Öl wesentlich geringer als bei glattblättrigen Sorten. Petersilie war im Mittelalter nicht zu Unrecht als Heilpflanze angesehen. Die Blätter enthalten viel Eisen und Vitamine, vor allem Vitamin C. Sie wirken blutreinigend, appetitanregend und harntreibend.

ANBAU UND ERNTE

Petersilie gehört zu den Doldenblütlern, ist zweijährig, wobei sie im ersten Jahr als Gewürz genutzt wird und im zweiten Jahr dann in Blüte geht.

Im Garten benötigt sie tiefgründigen, humosen Boden und eine gute Wasserversorgung. Keimt Petersilie schlecht, so kann unter Umständen altes Saatgut der Grund sein, da die meisten Doldenblütlersamen sehr schnell ihre Keimfähigkeit verlieren. Generell ist die Keimzeit sehr lange (ca. 4 Wochen), leider sind die jungen Pflanzen auch für Schnecken eine Delikatesse.

Sobald die kleinen Pflanzen der Petersilie kräftig genug sind, können laufend Blätter geerntet werden. Wenn die Herzblätter geschont werden, kann die Pflanze besser weiter wachsen. Sobald die Petersilie zu blühen beginnt werden die Blätter geschmacklos.

Die Blätter verlieren beim Trocknen und Einfrieren sehr viel an Aroma. Besser ist es, eine Pflanze für den Winter einzutopfen und an einem hellen und kühlen Standort zu überwintern.

VERWENDUNG IN DER KÜCHE

Beim Kochen verlieren die Petersilienblätter sehr viel von ihrem Geruch und Geschmack. Wer auf kräftiges Petersilienaroma Wert legt, darf sie daher nur roh verwenden oder allenfalls kurz in Olivenöl anbraten oder -dünsten. Petersilie gilt als Universalgewürz und passt hervorragend zu Gemüse- und Kartoffelgerichten, aber auch zu Salaten, Suppen, Saucen und zur mediterranen Küche. Petersilie und gehackter Knoblauch in Olivenöl ergeben eine schmackhafte Sauce zu gegrilltem Fisch.

Wurzelpetersilie eignet sich als Gemüse und verleiht allen Gerichten einen kernig-kräftigen Geschmack.

PETERSILIE IN DER HAUSAPOTHEKE

Die Samen der Petersilie sind ebenfalls aromatisch, haben aber nur wenig Verwendung in der Küche gefunden. Sie sind stark harntreibend und sollten von Nierenkranken und Schwangeren nicht verwendet werden, dasselbe gilt, allerdings in geringerem Ausmaß, für die Wurzel, nicht aber für die Blätter.

Ein Brei aus zerstoßenen Blättern der Petersilie soll bei Zahnschmerzen helfen.

Die krause Form der Petersilie eignet sich besser zum Dekorieren als zum Würzen.

Rosmarin

Rosmarinus officinalis

Die Heimat des Rosmarin ist das Mittelmeergebiet, wo er an sonnigen Felshängen gedeiht. Mit seinem starken Duft und den meerblauen Blüten war er im Brauchtum dieser Region stark verankert. Kränze aus Rosmarin wurden bei Glück und Trauer verwendet – als Hochzeitsstrauß und auch als Grabbeigabe.

Rosmarin gehört zu jenen Kräutern, die in keinem mittelalterlichen Klostergarten fehlen durften, wobei er nördlich der Alpen vor Frost geschützt werden musste. Er war schon im Mittelalter eine beliebte Topfpflanze, die man im Winter ins Haus brachte.

INHALTSSTOFFE UND HEILWIRKUNG

Die Blätter enthalten 1–2,5% ätherisches Öl. In der Kräuterheilkunde finden wir den Rosmarin hauptsächlich als kreislaufunterstützend, nervenstärkend, krampflösend und anregend beschrieben. Er wirkt kräftigend bei Erschöpfungszuständen. Neben der sparsamen Verwendung als Gewürz wurde er häufig in Wein ausgezogen oder als Tee getrunken.

ANBAU UND ERNTE

Rosmarin ist mehrjährig, in seiner Heimat kann er stattliche Büsche bilden. In unseren Breiten ist er allerdings nicht winterhart. Durch Züchtungsversuche konnte immerhin eine Sorte entwickelt werden (Rosmarin »Arp«), die bis −15 °C winterhart ist. Durch seine geringe Winterhärte wird er bei uns meist in Töpfen kultiviert. Er benötigt ein sandiges, durchlässiges Substrat bei regelmäßiger Wasserversorgung. Staunässe behagt ihm nicht. Im Frühjahr sorgt eine Gabe von Kompost oder organischem Dünger für kräftiges Wachstum, ab August darf nicht mehr gedüngt werden, damit das Holz vor dem Winter noch ausreifen kann. Die Töpfe können im Sommer in die Erde eingepflanzt oder eingesenkt werden; im Winter frostfrei und hell aufstellen und mäßig gießen.

Triebspitzen und einzelne Blätter können das ganze Jahr gepflückt werden. Die nadelförmigen Blätter behalten ihr Aroma beim Trocknen, der Geschmack wird jedoch etwas bitterer und intensiver. Getrockneter Rosmarin sollte sparsam verwendet werden.

VERWENDUNG IN DER KÜCHE

Anders als viele andere Blattgewürze verträgt Rosmarin längeres Kochen problemlos. Das starkwürzige Kräutlein passt besonders gut zu Gerichten der italienischen Küche. Oft wird er für Kartoffeln empfohlen und er eignet sich auch sehr gut zum Würzen von in Olivenöl gebratenen Zucchini, Melanzani oder Tomaten. In der italienischen Küche ist Lammfleisch ohne Rosmarin kaum vorstellbar. Geflügel wird vor dem Grillen über offenem Feuer gerne mit

Rosmarinzweigen umwickelt. Einen ähnlichen Geschmack erzielt man, wenn man beim Grillen Rosmarin auf die Glut streut. Für viele Köche ist das Aroma des frischen Rosmarin dem des getrockneten bei weitem überlegen.

ROSMARIN IN DER HAUSAPOTHEKE

Rosmarin liefert einen guten Tee, der die Nerven stärkt und bei niederem Blutdruck anregend wirkt.

Rosmarinwein stärkt das Herz und hilft bei Erschöpfungszuständen. Bekannt ist auch die anregende Wirkung eines Rosmarinbades.

In der Räucherschale wirken die duftenden Zweige des Rosmarin klärend und desinfizierend.

ROSMARINWEIN

ZUBEREITUNG

20g frischen Rosmarin mit 0,7 l gutem Weißwein übergießen.

7 Tage bei Zimmertemperatur stehen lassen und dann abseihen.

ROSMARINBAD

Ein heißes Bad mit Rosmarin vertreibt Müdigkeit und wirkt belebend.

ZUBEREITUNG

100 g getrocknetes Kraut in 1 l kochendem Wasser aufbrühen, 15 Min. ziehen lassen, abseihen und ins Badewasser schütten.

Salbei

Salvia officinalis

Auch der Salbei stammt ursprünglich aus dem Mittelmeergebiet, wo er auf trockenen, kalkhaltigen Felshängen gedeiht. Bereits Griechen und Römer hielten die stark aromatische Pflanze in Ehren – zunächst vor allem auf Grund ihrer Heilkraft, erst später dann auch als Gewürz. Die Heilwirkung des Salbei wird auch aus dem Namen deutlich, er leitet sich von salvare, heilen, bzw. gesund sein ab. In einem römischen Sprichwort wird deutlich, wie hoch die Heilkraft des Salbei eingeschätzt wurde: »Warum soll der Mensch sterben, wenn doch in seinem Garten Salbei wächst?«

INHALTSSTOFFE UND HEILWIRKUNG

Das ätherische Öl (1–2,5%) ist in den verschiedenen Salbeiarten ziemlich unterschiedlich zusammengesetzt. In einer Kräutergärtnerei mit einem großen Salbeisortiment kann man die Unterschiede mit der Nase erkunden. Neben den ätherischen Ölen enthält der Salbei auch Harze, Bitter- und Gerbstoffe, sowie eine dem weiblichen Hormon Östrogen ähnliche Substanz. In Summe wirken die Inhaltsstoffe keimtötend, entzündungshemmend, schweißhemmend, krampflösend, magenstärkend und galleanregend. Salbei lindert Wechselbeschwerden und hilft beim Abstillen.

ANBAU UND ERNTE

Dieser unproblematische, ausdauernde und bis zu 70 cm hoch wachsende Halbstrauch ist mit seinem grauen Laub eine Zierde im Garten. Die dekorativen Blüten werden bevorzugt von Hummeln besucht. Der wärmeliebende Salbei benötigt einen trockenen, kalkhältigen, und vor allem durchlässigen Boden, sowie reichlich Sonne. Mit den Jahren neigt der kleine Strauch stark zum Verholzen, dem kann aber durch einen radikalen Rückschnitt im Frühjahr abgeholfen werden.

Salbei kann laufend geerntet werden, doch kurz vor der Blüte sind die Blätter am würzigsten. Geerntet werden ganze Zweige oder einzelne Blätter. Getrocknete Blätter behalten ihr Aroma, schmecken jedoch meist etwas streng. Bei Winterbeginn sollte nicht mehr geerntet werden.

VERWENDUNG IN DER KÜCHE

Salbei ist ein sehr kräftiges Gewürz und neigt zur Dominanz; sein leicht bitterer Geschmack wird nicht immer geschätzt. Diese Eigenschaften prädestinieren ihn vor allem als Würzkraut für schwere Fleischspeisen. Ein berühmtes italienisches Gericht Saltimbocca alla Romana verdankt dem Salbei seine besondere Note:

Kalbsschnitzel werden zusammen mit würzigem Rohschinken und frischem Salbei gebraten und mit Weißwein abgelöscht. Auch frische Salbeiblätter in Bierteig heraus gebacken ergeben ein köstliches Sommergericht. Für Nudelgerichte oder Tomatensaucen bietet er eine herb-würzige Abwechslung. Wegen seines starken Geschmackes sollte Salbei als Alleingewürz verwendet werden.

SALBEI IN DER HAUSAPOTHEKE

Salbeitee wird besonders als Mittel zum Gurgeln bei Rachenentzündungen verwendet.

PASTA MIT SALBEI

ZUBEREITUNG

Pasta oder Gnocchi bissfest kochen.

1 Tasse Salbeiblätter in feine Streifen geschnitten in Butter dünsten, mit Salz und Pfeffer abschmecken.

Die Pasta daruntermischen und nach Belieben mit frischem Parmesan bestreuen.

GURGELLÖSUNG

ZUBEREITUNG

1 TL Salbeiblätter mit 100 ml kochendem Wasser übergießen.

10 Min. ziehen lassen, abseihen und etwas abkühlen lassen.

Schnittlauch
Allium schoenoprasum
Schnittknoblauch
Allium tuberosum

Schnittknoblauch

Ursprünglich stammt der Schnittlauch wahrscheinlich aus Zentralasien. Heute finden wir die Pflanze in ganz Europa wild oder verwildert, wobei sie feuchte Standorte bevorzugt. Obwohl der Schnittlauch heute zu den bekanntesten Gewürzpflanzen zählt, hat er als Gewürz keine lange Geschichte vorzuweisen.

Über die erste Kultivierung des Schnittlauchs ist wenig bekannt, die ersten schriftlichen Aufzeichnungen gibt es im Mittelalter, wo er jedoch eher kritisch betrachtet, und vor dem rohen Verzehr gewarnt wurde. Eine größere Bedeutung als Gewürz bekam der Schnittlauch in den Alpenländern, und da auch erst in der Neuzeit. Ein naher Verwandter des Schnittlauchs, der Schnittknoblauch findet nach jahrtausendelanger Verwendung in China nun auch Eingang in unsere Gärten.

INHALTSSTOFFE UND HEILWIRKUNG

Schnittlauch enthält, ähnlich wie seine Verwandten Zwiebel und Knoblauch, schwefelhaltige Verbindungen. Weiters enthält er beträchtliche Mengen der Vitamine A und C. Roh verzehrt wirkt er appetitanregend, senkt den Blutdruck und hilft bei Blutarmut.

ANBAU UND ERNTE

Schnittlauch ist ein ausdauerndes, winterfestes Gewürz. Die grünen Blätter ziehen im Herbst ein und treiben im Frühjahr aus der Wurzel wieder aus. Er verlangt nährstoffreichen, humosen Gartenboden und regelmäßige Wasserversorgung und gedeiht sowohl in voller Sonne, als auch im Halbschatten. Die Stöcke sollten alle fünf Jahre umgesetzt und nicht ständig beerntet werden, damit sie ihre Vitalität behalten. Kompostgaben und Düngen mit Brennnesseljauche sind ebenfalls förderlich. Schnittknoblauch hat ganz ähnliche Ansprüche wie der Schnittlauch.

Vom Frühjahr bis in den Herbst können regelmäßig frische Schnittlauchröhren geschnitten werden, am würzigsten und saftigsten sind die Blätter allerdings beim ersten Frühjahrsaustrieb. Schnittlauch eignet sich nicht zum Trocknen, kann aber über den Winter eingetopft und auf der Fensterbank gezogen werden. Dazu wird der Ballen im Herbst ausgegraben, danach sollte er trocknen und durchfrieren. Erst dann wird er eingetopft und ins Haus geholt. Vorher kann er zum schnelleren Auftauen in heißes Wasser (40 °C) getaucht werden.

VERWENDUNG IN DER KÜCHE

Fein gehackt, entfaltet der Schnittlauch sein zartes Zwiebelaroma. Er passt besonders gut zum Würzen von Salaten, Suppen, Eierspeisen, Kartoffeln, Mayonnaise oder Topfen. Saucen auf Basis von Ei oder Joghurt gewinnen durch großzügige Zugabe von gehacktem Schnittlauch an Aroma. Schnittlauch sollte nicht gekocht, gebraten oder gebacken werden, da dabei sein zartes Aroma verloren geht. Schnittlauch eignet sich weiters sehr gut zum Verfeinern von Käse, vor allem Frischkäse und anderen milden Sorten. Topfen mit Schnittlauch ist im Frühjahr ein beliebter Brotaufstrich.

Schnittknoblauch hat einen leichten Knoblauchgeschmack und kann in der Küche überall eingesetzt werden, wo ein leichtes Knoblaucharoma gewünscht wird. Er wird roh verwendet und nicht mitgekocht.

SCHNITTLAUCHBUTTER

Dieses Grundrezept kann mit allen Frühlingskräutern zubereitet werden.

ZUBEREITUNG

100 g Butter mit 4 EL Schnittlauch oder anderen Kräutern vermengen.

1 EL Zitronensaft beifügen und mit Salz und Pfeffer abschmecken.

Zugedeckt im Kühlschrank aufbewahren.

Schnittlauchblüten eignen sich gut zum Dekorieren.

Thymian

Thymus vulgaris

Der Gartenthymian, auch Römischer Quendel genannt, stammt ursprünglich aus Südeuropa, wo er als Zwergstrauch auf Felsen und trockenem Gestein wächst. Es ist nicht leicht die Geschichte dieser mediterranen Pflanze zu verfolgen, im Mittelalter wurde er vor allem in Frankreich und England beliebt, wo er auch heute noch zu den bevorzugten Gewürzen zählt. Erst gegen Ende des Mittelalters taucht der Thymian auch in deutschen Kräuterbüchern auf.

INHALTSSTOFFE UND HEILWIRKUNG

Der Gehalt an ätherischem Öl variiert sehr stark (von 0,75%–6,5%) und ist von Klima, Erntezeit und Lagerung abhängig. Schon im Altertum erkannte man die stark antiseptischen Eigenschaften dieser kleinen, aber zähen Pflanze. Thymian wirkt desinfizierend, schleimlösend, und krampfstillend. Er wird vor allem bei Bronchialleiden, Asthma, Erkältungskrankheiten, aber auch bei Verdauungsstörungen sowie Blasen- und Nierenentzündungen eingesetzt.

ANBAU UND ERNTE

Thymian bevorzugt sehr trockene Standorte, mit kargen, sandig-steinigen Böden in voller Sonne. Auf feuchten oder gar nassen Böden gedeiht er schlecht und verliert viel an Aroma. Auch beim Thymian sind in Kräutergärtnereien viele besondere Arten zu erhalten, z.B. Lavendel-, Zitronen-, Kümmel- oder Balsamthymian. Die Liste ließe sich lange fortsetzen, und der Gartenfreund ist selbst aufgefordert herauszufinden, was ihm zusagt. Quendel, wie der heimische Thymian genannt wird, ist weniger aromatisch und daher nicht so sehr als Würzkraut geeignet.

Thymian kann laufend geerntet werden, doch kurz vor der Blüte ist das Aroma am stärksten. Werden die Triebe zur Ernte stark zurück geschnitten, dankt die Pflanze dies durch buschigeres Wachstum. Getrockneter Thymian hat ein stärkeres und herberes Aroma als frischer.

VERWENDUNG IN DER KÜCHE

Thymian ist ein wichtiges Gewürz vieler europäischer Küchen. Er ist besonders typisch für die französische Küche, wo man ihn in der Gewürzmischung Herbes de Provence findet. Frische Thymianzweige werden dort auch mit anderen Kräutern gebündelt, Suppen, Saucen oder Eintöpfen zugesetzt, und vor dem Servieren wieder entfernt. Auch in England zählt der Thymian zu den beliebtesten Gewürzen. In der mitteleuropäischen Küche findet man Thymian bei Wild- und Fleischspeisen, Soßen, Eintöpfen und Kartoffelgerichten. Thymian entfaltet sein volles Aroma, wenn man ihn mitkocht.

THYMIAN IN DER HAUSAPOTHEKE

Thymiantee wird vor allem bei Husten, Erkältung und Halsweh verwendet.

KRÄUTER DER PROVENCE (HERBES DE PROVENCE)
Unter dieser Bezeichnung werden die unterschiedlichsten Gewürzmischungen angeboten. Bewährt hat sich z.B. eine Mischung aus Estragon, Thymian, Majoran, Fenchelsamen, Bohnenkraut und Lavendel, die sich besonders für Fisch, aber auch für Gemüse und Fleisch eignet. Ein bekanntes Beispiel ist *ratatouille,* ein würziger Gemüseeintopf aus Zucchini (oder Kürbis), Tomaten und Melanzani.

THYMIANKARTOFFELN

ZUBEREITUNG

Kleine geschälte Kartoffeln werden in Olivenöl, Knoblauch und Thymian gewendet und anschließend auf einem mit Backpapier ausgelegten Backblech bei 200–220°C etwa 45 Min. gebacken.

Winterbohnenkraut

Satureja montana

Sommer-bohnenkraut

Satureja hortensis

Das Bohnenkraut wächst wild an den steinigen, heißen Kalkhängen des Mittelmeeres. Kultiviert wurde es erstmals von den Römern, die seinen würzigen Geschmack und seine verdauungsfördernde Wirkung schätzten. Vor allem fetten und blähenden Speisen wurde es beigegeben. Mit den Römern kam das Kraut auch nach Mitteleuropa, wo das »Saturei« in keinem Klostergarten fehlen durfte. Zum eigentlichen Bohnenkraut wurde es erst als die grünen Bohnen aus Amerika eingeführt waren.

INHALTSSTOFFE UND HEILWIRKUNG

Die ätherischen Öle des Bohnenkrauts wirken krampfstillend, magenstärkend und machen schwere Speisen leichter verdaulich. Das Sommer-Bohnenkraut soll die Schmerzen bei Bienenstichen lindern, wenn man die betroffenen Stellen damit einreibt. Der Volksmund spricht dem Bohnenkraut neben einer allgemein blutreinigenden, aktivierenden Wirkung auch die Eignung als Liebeskraut zu, also eine aphrodisierende Wirkung.

ANBAU UND ERNTE

Dieses kleine, äußerst winterharte Kräutlein wird etwa 30 bis 40 cm hoch und nach einem Jahr auch ebenso breit. Lässt man die Blüten in Samenreife übergehen, so vermehrt es sich bei passendem Standort häufig selbst. Die Bienen lieben die weißlich-blasslila Blüten des Winterbohnenkrautes genauso, wie jene seiner etwas zarteren einjährigen Schwester, dem Sommerbohnenkraut. Letzteres wird nach den Eisheiligen an einem warmen, sonnigen Platz ausgesät. Beide Arten bevorzugen einen durchlässigen nährstoffarmen Böden.

Sobald die Pflanzen kräftig genug sind, können ganze Triebe geerntet werden. Die Stängel des Winterbohnenkrautes neigen zu starkem Verholzen und sollen wie beim Lavendel immer wieder radikal zurück geschnitten werden. Ein günstiger Zeitpunkt hierfür ist nach der ersten Blüte, also etwa im Juli. Dadurch bekommt die Pflanze Gelegenheit, noch einmal frisch auszutreiben und diese Triebe zu überwintern.

Das Aroma ist kurz vor und während der Blüte am stärksten. Das Bohnenkraut behält seine Würzkraft auch nach dem Trocknen.

VERWENDUNG IN DER KÜCHE

Verwendet werden beide Arten des Bohnenkrautes für Gemüsegerichte, fettes Fleisch,

Fisch und Pilzgerichte, und durch die blähungshemmende Wirkung auch besonders zu Bohnengerichten. Als bäuerliche Würze passt Bohnenkraut zusammen mit Ysop gut zu deftigen mitteleuropäischen Gemüse- und Kartoffelspeisen. Es kann mitgekocht werden, wobei es allerdings bei langem Kochen etwas an Aroma verliert. Wer es gerne würzig mag, sollte es knapp vor Ende der Kochzeit zufügen. Besser ist es, ganze Zweige zu verwenden; gehackte Blätter schmecken leicht bitter. In der Diätküche kann es mit seinem starken Aroma Salz und Pfeffer ersetzen. Das Sommerbohnenkraut ist zarter und etwas leichter zu verarbeiten, doch kommt es im Geschmack meist nicht ganz an das Winterbohnenkraut heran.

BOHNENKRAUT IN DER HAUSAPOTHEKE

Auch in der Räucherschale erfreuen uns die Zweige des Bohnenkrauts mit ihrem herben Aroma, es desinfiziert dabei die Räume.

Tee, aus den frischen oder getrockneten Blättern zubereitet, hilft bei Magenkrämpfen und kann auch für ein adstringierendes, anregendes Vollbad verwendet werden.

Die Blüte ist der beste Zeitpunkt für die Ernte des Bohnenkrauts – den Bienen zuliebe bleiben einige Zweige stehen.

Würzkräuter für den naturnahen Garten

Einige heimische Wildkräuter sind köstliche Würzpflanzen. Es lohnt sich, sie näher kennen zu lernen und sie in den Garten und die Küche zu holen. Manche dieser Pflanzen, wie der Bärlauch, sind zur Zeit sehr beliebt, andere wie die Gundelrebe gehören immer noch zu den fast vergessenen Gartenschätzen. Der Vorteil vieler dieser Wildkräuter ist, dass sie mit wenig Pflege auskommen. Wählt man den richtigen Standort, breiten sie sich oft von ganz alleine aus. Im Folgenden werden Würzkräuter vorgestellt, die sich gut für die verschiedenen Lebensräume eines Naturgartens eignen.

Würzkräuter für Schattenbereiche

Eine wichtige Standortbedingung für eine kleine Gruppe an wildwachsenden Würzpflanzen ist der lichte Schatten. Neben einer Hecke, oder unter der lichten Krone eines Laubbaumes herrschen meist die passenden Verhältnisse.

Mit wenigen Vorbereitungen können hier die im Folgenden angeführten Würzkräuter kultiviert werden. Meist ist die Erde neben den Heckenpflanzen oder unter einem Baum eher verdichtet. Leichte Bodenlockerung und das Aufbringen von gut ausgereiftem Kompost – am besten mit etwas Laub und Sand vermischt – schafft gute Ausgangsbedingungen für eine Pflanzung. Dort wo dichte Grasnarbe vorherrscht, muss diese zuerst abgestochen werden. Die Jungpflanzen werden im Frühling oder Herbst gesetzt. Man kann auch mit Saatgut experimentieren; die Schwierigkeit dabei ist allerdings, die gewünschten Keimlinge von aufkommenden Beikräutern zu unterscheiden. Nach den Vorbereitungsarbeiten und sobald die Pflanzen gut eingewachsen sind, ist keine intensive Pflege mehr nötig.

Beet unter einer Baumkrone

1 = Süßdolde
2 = Bärwurz
3 = Gundelrebe
4 = Knoblauchsrauke
5 = Bärlauch

Das Beet wird unter der Baumkrone hergerichtet. Es kann dann etwas verwildern, der Boden sollte aber nicht vollständig mit Gräsern zuwachsen.

Bärlauch

Allium ursinum

Der Bärlauch ist ein Frühlingsbote, der schon im März mit seinen Blattspitzen aus der Erde ragt. Er gehört zu den Würzkräutern, die gerade eine Renaissance erleben. Fast jede Gaststätte bietet im Frühling ein Gericht mit Bärlauch an. Doch der Bärlauch ist keine Neuentdeckung der Gastronomie; wahrscheinlich gehört er zu den ältesten Begleitern sesshafter Kulturen. Seine Früchte und Pollen wurden in steinzeitlichen Siedlungen in großer Menge gefunden.

Über den Bärlauch sagt der Kräuterpfarrer Künzle: »Wohl kein Kraut der Erde ist so wirksam zur Reinigung von Magen, Darm und Blut wie der Bärlauch«. Die Blätter wirken antibakteriell und sind reich an Vitamin C – also ideal für eine Frühjahrskur.

ANBAU UND ERNTE

Der Bärlauch läßt sich leicht im Garten ansiedeln. In Kräutergärtnereien erhält man Jungpflanzen, er kann aber auch aus Samen vermehrt werden, die man im Herbst im Halbschatten unter Sträuchern aussät. In einer dichten Grasnarbe gedeiht er nur schlecht. Er benötigt eine lockere, humose Erde, wie sie in den Aulandschaften zu finden ist. Eine Laubschicht im Herbst sorgt für eine gute Überwinterung und trägt zum Humusaufbau bei. Gefällt ihm der Platz, so wird er sich Jahr für Jahr weiter ausbreiten – die Samen werden von Ameisen verschleppt – und für schmackhafte Frühlingsaufstriche oder Suppen zu verwenden sein.

VERWENDUNG IN DER KÜCHE

Blätter vor der Blüte ernten, roh oder als Gewürz zerhackt in Salaten oder Aufstrichen verwenden, der Geschmack geht beim Kochen verloren. Die Blätter können in Olivenöl oder Essig eingelegt werden und ergeben ein schmackhaftes Pesto. Beim Trocknen geht der größte Teil ihres Aromas verloren.

BÄRLAUCH IN DER HAUSAPOTHEKE

Zerquetschte Bärlauchblätter, auf Hautwunden gelegt, fördern den Heilungsprozess.

TIPP **Sammelt man den Bärlauch wildwachsend, so erkennt man ihn an seinem starken Geruch nach Knoblauch. Achtung: Verwechslungsgefahr besteht mit den hochgiftigen Blättern der Maiglöckchen und der Herbstzeitlose, die aber beide geruchlos sind.**

Bärwurz

Meum athamanticum

Die Bärwurz zählt zu den vergessenen Küchenkräutern. Im Mittelalter wurde sie in Gärten angebaut und häufig verwendet, doch in den modernen Bauern- oder Kräutergärten ist sie kaum noch zu finden. Dabei hat diese heimische Pflanze der Mittelgebirge viele gute Eigenschaften. Sie ist robust, mehrjährig, und vielseitig verwendbar. Früher wurden neben den Blättern auch Früchte und Wurzeln genutzt. In der Hildegardmedizin hat die Pflanze einen festen Platz als Bärwurzbirnhonig gegen Migräne, zur Blutreinigung, gegen Fieber und Gicht. Zerreibt man die fein zerteilten Blätter der dekorativen Pflanze, verströmen sie einen feinaromatischen, etwas süßlichen Duft, der an Fenchel, Dill und Liebstöckel erinnert.

ANBAU UND ERNTE

Im Garten benötigt die Bärwurz einen humosen, tiefgründigen Boden. Der Standort kann auch halbschattig sein. Die Vermehrung aus Samen ist etwas schwierig, doch in Kräutergärtnereien sind Jungpflanzen erhältlich. Behagt ihr ein Standort, bietet sie mit dem farnähnlichen, frischgrünen Laub einen besonderen Blickfang. Bereits im April kann man die aromatischen, leuchtend grünen Blättchen pflücken. Die weißen Doldenblüten erscheinen auf 40–60 cm hohen kräftigen Stängeln von Mai bis August.

VERWENDUNG IN DER KÜCHE

Das feine dillartige Laub und die Wurzeln haben einen kräftigen Geschmack. Die frischen Blätter können überall dort eingesetzt werden, wo man den im Duft verwandten Fenchel, Dill oder Liebstöckel verwenden würde: zu Ei, in Suppen, zu Fisch, in Saucen, zu Kräuterbutter oder Aufstrichen. Ihr feines, komplexes Aroma harmoniert gut mit Schnittlauch.

Am besten sind die jungen Blätter. Ganz junge Blütendolden lassen sich als essbare Garnierung verwenden.

Das Kraut möglichst vor der Blüte ernten, frisch verbrauchen und erst unmittelbar vor der Verwendung sehr fein schneiden. Das setzt die aromatischen ätherischen Öle frei. Im Gegensatz zu Dill bewahrt Bärwurz sein Aroma auch beim Trocknen.

In Bayern wird aus der Wurzel der Bärwurz ein vorzüglicher Verdauungsschnaps gebrannt und im südlichen Schwarzwald wird ein Kräutersalz aus Meersalz und getrockneter Bärwurz hergestellt.

Gundelrebe, Gundermann

Glechoma hederacea

Die Gundelrebe kriecht und klettert mit ihren Ausläufern an Zäunen, Hecken oder alten Mauern empor. Im Halbschatten mit feuchtem, kühlen Boden fühlt sie sich wohl. Wie die Brennnessel oder der Holunder ist sie oft in der Nähe von Haus und Hof zu finden. Der Sage nach halten sich die Heinzelmännchen gerne unter ihren herb-würzig duftenden Blättern auf. Die hübschen, violetten Blüten werden auch von Schmetterlingen besucht. In der Heilkunde hat vor allem die Hl. Hildegard von Bingen der Pflanze große Heilkräfte zugesprochen. Auf Grund der enthaltenen Bitterstoffe *(Glechomin)*, ätherischen Öle und Saponine werden die Verdauungssäfte angeregt, die Funktion von Leber und Galle unterstützt, das Blut gereinigt, und die Harntätigkeit gefördert. Äußerlich wurde die Pflanze bei schlecht heilenden Wunden eingesetzt.

ANBAU UND ERNTE

Im Garten gedeiht die Gundelrebe, die manche als lästiges Unkraut betrachten, problemlos. Man kann sie als Bodendecker, oder zur Begrünung einer kleinen Mauer einsetzen; auch neben einer Hecke oder unter Ribiseln und Himbeeren gedeiht sie gut. Die Pflanze lässt sich leicht mit Ausläufern, die sich schnell bewurzeln, vermehren. Geerntet werden die jungen Blätter bis zur Blütezeit.

VERWENDUNG IN DER KÜCHE

Junge Blätter können mit ihrem würzigen Geschmack Gemüse- und Kartoffelgerichten, Salaten oder Kräuteraufstrichen beigemengt werden. Ältere Blätter werden oft etwas derb und bitter im Geschmack. Im Frühling eignet sich die Pflanze daher besonders zum Würzen von Frühlingssuppen oder Aufstrichen. Ein Butterbrot mit fein gehackten Blättern der Gundelrebe, eventuell auch mit Schnittlauch gemischt, gehört zu den ersten Frühlingsgenüssen aus dem Garten. Beim Kochen wird der Geschmack etwas milder, auch getrocknet behält die Gundelrebe ihr Aroma. Die getrockneten Blätter kann man Kräutersalz oder Kräutermischungen für Suppen beifügen.

Knoblauchsrauke

Alliaria petiolata

Die Knoblauchsrauke wächst in weiten Teilen Europas wild, sie wurde meist wild gesammelt und nie intensiv in Kultur genommen. Die Verwendung als Gewürz ist bereits im Mittelalter dokumentiert. Die Knoblauchsrauke erhielt ihre botanische Bezeichnung nach ihrem Knoblauchgeruch, der vor allem im Frühling auffällig ist. Die Blätter weisen, je nach Stadium, vier Geschmacksrichtungen auf: die ganz jungen Blätter schmecken zunächst leicht süß, dann knoblauchähnlich, im weiteren Verlauf werden sie scharf und bitter. Die Knoblauchrauke wirkt blutreinigend und harntreibend. Umschläge mit Blättern sollen den Heilungsprozess bei Verletzungen fördern.

ANBAU UND ERNTE

Im Garten fühlt sich die Knoblauchrauke im Halbschatten wohl. In einer dichten Grasnarbe gedeiht sie nur schlecht, sie benötigt eine lockere, humose Erde. Die Pflanze lässt sich auch aus Samen ziehen, doch die Keimung verläuft sehr unregelmäßig und kann auch ein bis zwei Jahre dauern. Eine Kultivierung aus Jungpflanzen ist einfacher. Die Pflanze ist zweijährig und breitet sich meist schnell aus, wenn ihr der Standort behagt.

VERWENDUNG IN DER KÜCHE

Die Blätter sollten nur roh gegessen und jung gesammelt werden, denn beim Kochen verflüchtigt sich der Knoblauchgeschmack. Feingehackt sind sie ein gutes Gewürz für Aufstriche, Salate oder Kräuterbutter. Die Samen können als Senfkörner verwendet werden.

BROTAUFSTRICH

ZUBEREITUNG

100 g gehackte Blätter der Knoblauchrauke mit 100 g Butter vermischen und mit Salz abschmecken, die weißen Blüten zum Garnieren verwenden.

SENF

Aus den Samen der Knoblauchrauke kann Senf hergestellt werden.

ZUBEREITUNG

Dazu werden die Samen im Sommer geerntet, in einem Mörser zerdrückt, oder mit einer Kaffeemühle gemahlen. Die gleiche Menge an Vollkornmehl wird mit wenig Fett kurz angeröstet und mit den Samen vermischt. Mit Honig, Essig, Zitronensaft und Salz abschmecken.

Süßdolde

Myrrhis odorata

Die Süßdolde gehört zu den wenigen Würzpflanzen mit süßem Geschmack, die als Zuckerersatz dienen können. Ursprünglich stammt sie aus dem europäischen Hochgebirge und wurde schon im Mittelalter in den Klostergärten kultiviert. Die weißen Blüten zieren die Pflanze im Juni/Juli, und verströmen einen feinen Anisduft. Den stärksten Geschmack weisen die unreifen Früchte auf. Sie schmecken angenehm anisartig, süßlich und erinnern an das Aroma von Lakritze, weshalb nicht nur Kinder gerne an dieser Pflanze naschen. Blätter und Stängel haben ebenfalls einen süßen, anisartigen Geschmack. Die Wurzel wurde früher als Gemüse ähnlich der Pastinake gekocht. Wegen ihrer großen Kältetoleranz ist die Pflanze vor allem in den skandinavischen Ländern ein beliebtes Würzmittel.

ANBAU UND ERNTE

An feuchten, halbschattigen Plätzen mit lehmigem Boden fühlt sich dieser unkomplizierte mehrjährige Doldenblütler wohl. Die Vermehrung gelingt sehr gut aus Samen, wobei diese im Herbst ausgestreut werden sollten (Frostkeimer). Am Rand einer Hecke bildet das farnähnliche Laub mit den hübschen Blüten das ganze Jahr einen Blickfang. Wer hauptsächlich die Blätter ernten und eine Selbstaussaat verhindern will, sollte die ganze Pflanze nach der Blüte zurückschneiden. Sie treibt dann neu aus. Die Wurzel wird im Herbst geerntet.

VERWENDUNG IN DER KÜCHE

Die grünen, unreifen Samen, oder frischen Blätter werden meist für Süßspeisen aller Art verwendet. In Marmelade, Kompott oder Kuchen lässt sich so Zucker sparen: Beim Backen von Obstkuchen 2–4 TL Blätter und Samen beifügen. Kompotte erhalten durch einige Blätter der Süßdolde – eventuell gemischt mit Zitronenmelisse – einen ausgezeichneten Geschmack. Die Wurzel wurde im Mittelalter wie Gemüse gekocht, oder zur Konservierung in Wein eingelegt. Sie schmeckt sehr angenehm, wie eine Mischung aus Pastinake mit einer Spur Anis.

TIPP **Unreife Samen eignen sich auch zum Garnieren von Süßspeisen. Auf Apfelkuchen oder Eis gestreut schmecken sie hervorragend.**

Würzkräuter für sommertrockene und magere Standorte

Viele Gartenbesitzer führen einen mühsamen Kampf um die Bepflanzung von austrocknenden Rasenflächen, Trockeninseln unter Vordächern oder schotterig-sandigen Flächen, die manchmal nach einem Hausbau übrig bleiben. Doch gerade diese extremen Standorte eignen sich für manche Pflanzen ganz besonders gut. Hier sollte aus der Not eine Tugend gemacht werden, indem an trockenen Stellen im Garten auch Trockenbiotope angelegt werden. Das spart längerfristig viel Arbeit – und Wasser.

Kies- oder Steingarten am Rand einer befestigten Fläche

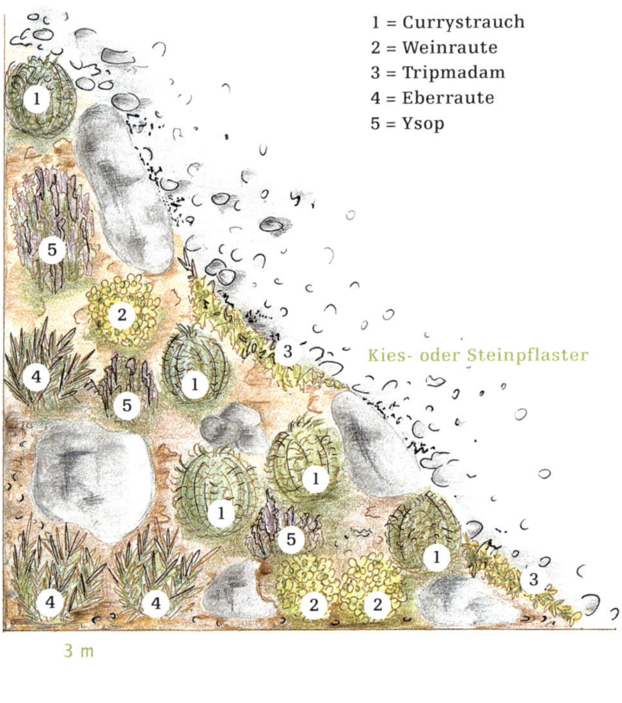

Einen kleinen Stein- oder Kiesgarten mit seltenen Würzpflanzen anlegen

Der Oberboden wird abgetragen und kompostiert. Falls der Untergrund bereits steinig oder sandig ist, sollte er nur gelockert und mit feinem Sand ergänzt werden. Wichtig ist, alle Wurzelunkräuter, wie z. B. die Quecke, restlos zu entfernen. Ein lehmiger, stark verdichteter Untergrund muss mit Wandkies oder grobem Straßenschotter ausgetauscht werden. Insgesamt sollte der Steingarten ein mageres durchlässiges Fundament von ca. 30–40 cm aufweisen. Zur Pflanzung kommt darüber eine ca. 10 cm hohe Schicht aus einem Gemisch von Sand und Erde (1:1). Auf dieses vorbereitete Beet werden einige größere Steine aufgelegt, um eine ansprechende Gestaltung zu erreichen. Die Pflanzen werden locker gruppiert, wobei durchaus größere Zwischenräume bleiben können. Nach der Pflanzung wird mit Kies gemulcht, indem eine Schicht von 3–5 cm zwischen den Steinen und Pflanzen aufgetragen wird und fertig ist das Beet. Der anfängliche Arbeitsaufwand wird durch die geringe Pflege in den kommenden Jahren mehr als aufgewogen. Neben allen bereits vorgestellten mediterranen Küchenkräutern können auch die folgenden, eher seltener verwendeten Würzpflanzen einen Steingarten, und natürlich die Küche bereichern.

Currystrauch
Helichrysum italicum

Der Currystrauch stammt aus Südeuropa und erfreut sich seit einigen Jahren wachsender Beliebtheit. Als enger Verwandter der Strohblume wird er hauptsächlich als Zierpflanze kultiviert, doch auch als Würzpflanze hat der silbrige Zwergstrauch etwas zu bieten. Den deutschen Namen verdankt er seinem Duft, der sich vor allem bei Regen bemerkbar macht. Der Curryduft, der an die asiatische Gewürzmischung erinnert, wird aber nicht von einem intensiven Curryaroma begleitet, denn die Blätter riechen stärker als sie schmecken. Für eine milde Würze sind sie jedoch gut zu verwenden.

ANBAU UND ERNTE

Der Currystrauch passt mit seinem silbrigen Laub sehr gut in einen Steingarten. Er benötigt einen durchlässigen, mageren Boden in voller Sonne und liebt die Sommertrockenheit. Die meisten bei uns angebotenen Sorten sind ausreichend winterhart. In rauen Lagen benötigt er jedoch einen guten Winterschutz aus Reisig oder Vlies. Im Frühling und nach der Blüte sollte man den kleinen Strauch etwas zurückschneiden, um eine hübsche Form zu erhalten. Die Blüten können wie Strohblumen getrocknet werden: nachdem sie sich vollständig geöffnet haben, werden sie abgeschnitten, und in kleinen Sträußen an einem schattigen, luftigen Platz kopfüber zum Trocknen aufgehängt. Frische Blätter können laufend geerntet werden.

VERWENDUNG IN DER KÜCHE

Die Blätter des Currystrauchs eignen sich gut zum Würzen von Reis, Fleisch und Gemüse, wobei man sie erst kurz vor Fertigstellung des Gerichts dazu geben sollte, da es sonst bitter wird. Auch zum Füllen von Brathuhn werden sie empfohlen, z.B. als Alternative zu Estragon.

Der Currystrauch fühlt sich auch im mageren Substrat einer Kräuterschnecke wohl.

Eberraute

Artemisia abrotanum

Die Eberraute stammt ursprünglich aus Kleinasien. Als wichtige Heilpflanze der Antike gelangte sie schon im frühen Mittelalter in die Kloster- und Bauerngärten.

Verwendet wurde sie als Würzpflanze vor allem für fette Speisen. Sie fand auch als Pestkraut Verwendung. Die Kräuterfrauen empfahlen sie als sicheren Liebeszauber. Wer einen Zweig Eberraute bei sich trägt, ist unwiderstehlich, so sagten sie. Das mag mit ihrem zitronigen Duft zusammenhängen, der bei den vielen schlechten Gerüchen des Mittelalters als angenehm und erfrischend empfunden wurde. In der Volksheilkunde und Hildegardmedizin wird die Pflanze bei Verdauungsstörungen, Appetitlosigkeit und Blähungen angewandt.

In Kräutergärtnereien ist die Aromatische Eberraute *Artemisia abrotanum procera* als besondere Züchtung erhältlich, die sich im Aussehen nur wenig unterscheidet, jedoch ein feineres Aroma aufweist. *Artemisia camphorata*, die Kampfereberraute, hat einen kampferartigen Beigeschmack und graugrünes Laub.

ANBAU UND ERNTE

Der zartgefiederte Halbstrauch liebt vollsonnige Standorte mit wasserdurchlässigem Boden. Im Steingarten kann die Eberraute ab und zu mit etwas Kompost versorgt werden. Sie lässt sich gut in Form schneiden und kann auch als Einfassungspflanze Verwendung finden. In unserem Klima kommt sie nicht zur Blüte und wird daher nur vegetativ vermehrt. Der Rückschnitt sollte im Frühjahr erfolgen, geerntet werden die frischen Blätter während der Wachstumsperiode.

VERWENDUNG IN DER KÜCHE

Die Eberraute gehört zu den vergessenen Würzpflanzen. Früher wurde sie oft als Zitronenersatz und auch bei schwer verdaulichen Speisen, vor allem bei fettem Fleisch eingesetzt. Sparsam verwendet geben die feingehackten Blätter Salaten ein frisches Zitronenaroma, auch im Kräuteressig bewährt sich der Geschmack. Wegen des bitteren Beigeschmacks ist jedoch bei der Dosierung viel Fingerspitzengefühl erforderlich. Kleine Sträuße können als Schutz vor Motten in die Schränke gehängt werden.

Die Eberraute verträgt Formschnitt sehr gut und kann auch für Einfassungen verwendet werden.

Tripmadam

Sedum reflexum

Dieses kleine Dickblattgewächs verdankt seinen seltsam anmutenden Namen, der aus dem Französischen kommt, den dicken, sukkulenten Blättern, die zur Wasserspeicherung umgebildet wurden. Die Beschaffenheit der Blätter ist eine Anpassung an extrem trockene Standorte. Die Pflanze wächst sogar in einer Pflanzenpresse weiter, wenn sie vorher nicht abgebrüht wurde. Tripmadam wächst in Mitteleuropa und am Mittelmeer an steinigen, felsigen Standorten wild, wie z. B. auf den Terrassen der Weinberge, an Steinmauern, oder anderem felsigen Untergrund. Sie war als Heil- und Würzpflanze Bestandteil der Kloster- und Bauerngärten und gilt heute meist nur noch als Zierpflanze für Steingärten.

In alten Kochbüchern finden sich noch Rezepte zu ihrer Verwendung in grünen Suppen. Der kulinarische und gesundheitliche Wert dieser Pflanze sollte wieder mehr Beachtung finden. Gerade im Frühling, wenn der Garten noch nicht viele Gewürze zu bieten hat, bringen die säuerlich schmeckenden Blätter Abwechslung und Vitamine auf den Tisch.

ANBAU UND ERNTE

Tripmadam bevorzugt einen sonnigen, trockenen Standort, und steinige oder sandige Böden. Sie gedeiht in den Ritzen und Fugen von Steinmauern und kann auch zwischen Natursteinplatten auf einer Terrasse wachsen. Als Überlebenskünstlerin an extremen Standorten benötigt sie keine Pflege, man muss nur darauf achten, dass sie nicht von anderen Pflanzen überwuchert wird. Tripmadam wird am besten mittels bewurzelter Triebe vermehrt. Tripmadam kann das ganze Jahr beerntet werden, denn die Blätter bleiben auch im Winter grün. Geerntet werden die nicht blühenden Zweige.

VERWENDUNG IN DER KÜCHE

Die sukkulenten (saftigen), spitzen, blaugrünen Blätter schmecken erfrischend säuerlich und leicht bitter. Sie passen gut an Salate, Wildkräutersuppen, Kräuterdressings, sowie an Soßen. Nur kurz ziehen lassen und nicht mitkochen, damit die Vitamine nicht verloren gehen. Tripmadam ist ein leckerer Vitaminspender im Frühling. Tripmadam ist nur frisch zu verwenden, da beim Trocknen das Aroma verloren geht.

TRIPMADAM IN DER HAUSAPOTHEKE

Die in der Pflanze enthaltenen Gerbstoffe sollen eine positive Wirkung bei Bluthochdruck und Arterienverkalkung haben.

Weinraute
Ruta graveolens

Die Weinraute ist aus den Mittelmeerländern zu uns gekommen, dort wurde sie schon in der Antike in Kultur genommen. Die Römer zogen sie als eines der wichtigsten Gewürze ihrer Küche in den Gärten. Warum die Raute als Würzkraut so beliebt war, hatte verschiedene Gründe. Sie half die schweren Speisen zu verdauen, wurde dem Wein als »Gegengift« zugesetzt, und machte »den Trinkbecher sicher«. Im Mittelalter erlangte sie aus anderen Gründen eine besondere Stellung im Klostergarten. Ihr wurde zugeschrieben, die Manneslust zu dämpfen, und damit Ruhe in die klösterliche Ordnung zu bringen.

Als Pestkraut war sie hoch geschätzt – was nicht ganz unrichtig ist, da Ratten (die durch den Rattenfloh als Überträger der Pest fungierten) angeblich ihren Geruch verabscheuen. Auch für Künstler und Bildhauer war sie bedeutend, da sie für gutes Augenlicht sorgte. Die Durchblutungsförderung im Kopfbereich wird heute noch medizinisch zur Nachbehandlung von Schlaganfällen eingesetzt.

ANBAU UND ERNTE

Als Kind des Südens braucht die Weinraute einen sonnigen und warmen Platz auf kalkhaltigem Boden. Im Steingarten wirkt ihr blaugraues Laub mit den gelben Blüten sehr attraktiv. Sie verträgt Trockenheit besser als zuviel Nässe, und sollte im Winter mit etwas Reisig vor starken Frösten geschützt werden. Die Sorte 'Jackman's Blue' besticht besonders durch ihre blaugrauen Blätter.

VERWENDUNG IN DER KÜCHE

In geringen Mengen können die Blätter zum Würzen von Salaten, Fleisch- und Käsegerichten, Spinat, Wirsing, Pilzen, Hammelfleisch und Fisch verwendet werden. Sie haben einen intensiven Geschmack und Geruch, der auch im Namen (graveolens = stark duftend) zum Ausdruck kommt. Heute ist die Raute immer noch ein wichtiges Würzkraut des italienischen Grappa (Tresterschnaps) und entfaltet da ihre verdauungsfördernde Wirkung. Im Garten gilt sie als schädlingsabwehrend und hat daher einen wichtigen Platz im biologischen Gartenbau. Zu beachten ist allerdings, dass der Weinrautensaft auf der Haut, wenn sie anschließend der Sonne ausgesetzt wird, zu Sonnenbrand und Blasenbildung führen kann.

Ysop

Hyssopus officinalis

Auch der Ysop ist eine Pflanze, die aus den warmen Gebieten Kleinasiens stammt. Er gehörte zu den wichtigsten Heilpflanzen der Antike und des Mittelalters, und durfte in keinem Klostergarten fehlen. Die Hl. Hildegard von Bingen hatte eine hohe Meinung von ihm, denn »er ist von so großer Kraft, dass sogar der Stein ihm nicht widerstehen kann, der dort wächst, wo der Ysop hingesät wird«.

Ysop hat beruhigende und tonisierende Eigenschaften. Er wird in der Volksmedizin bei Bronchitis und Atemwegsinfektionen und auch bei Asthma als Beruhigungsmittel eingesetzt. Die ätherischen Öle wirken beruhigend auf den Verdauungstrakt. Deshalb findet er auch bei Blähungen, Völlegefühl und Koliken Anwendung. In der modernen Schulmedizin ist seine Heilwirkung jedoch nicht nachgewiesen. In der Kosmetikindustrie wird lediglich das Ysopöl zur Herstellung von Parfüms und Bädern, und in der Lebensmittelindustrie zur Aromatisierung von Likören und Gewürzessenzen eingesetzt. Bei Überdosierung wirkt das Öl jedoch krampferregend.

ANBAU UND ERNTE

Der 30–60 cm hohe, stark verholzende, aromatisch riechende Halbstrauch besitzt schmale Blätter und zahlreiche blauviolette, weiße oder rosafarbene Blüten. Diese Blüten werden gerne von Bienen besucht und bilden einen hübschen Blickpunkt im Garten. Ysop gilt als Mittel zur Abwehr von Blattläusen, Schnecken und Raupen. Er bevorzugt einen kalkhaltigen Boden in vollsonniger Lage und fühlt sich im Steingarten besonders wohl. Im Winter empfiehlt es sich, den Ysop abzudecken, da er als immergrüner Kleinstrauch bei Frost und Wind leicht vertrocknet. Durch Stecklinge oder Teilung kann Ysop leichter vermehrt werden als durch Samen.

VERWENDUNG IN DER KÜCHE

Ysop wird zum Würzen von Salaten, Soßen, Suppen, Braten, Kartoffeln, Sellerie und Fleischsalaten, sowie zur Likörherstellung verwendet. Er kann durch Trocknen konserviert werden, verliert jedoch dabei einen Teil seiner Würzkraft. Besser hat sich Einfrieren, oder Einlegen in Öl bewährt. Besonders wichtig ist es, den Ysop nie mitzukochen, denn dadurch verliert er sein Aroma. Er wird immer erst an die fertigen Speisen gegeben.

Würzkräuter für Wegrand, Wiese und Randbereiche

Kleiner Wiesenknopf

Würzkräuter müssen nicht unbedingt in einem Beet wachsen, auch in der Wiese oder am Wegrand fühlen sich manche dieser Pflanzen wohl. Sie passen auch für Randbereiche oder Inseln im Garten, die erst spät oder gar nicht gemäht, und erst im Frühling von den abgestorbenen Pflanzenresten befreit werden.

Gewürzwiese

1 = Wacholder
2 = Gewürzfenchel
3 = Schmalblatt-Doppelrauke
4 = Wiesenknopf
5 = Sauerampfer
6 = Oswegokraut
7 = Bibernelle

Eine Gewürzwiese gestalten

Ein Bereich von ca. 5 m² entlang eines Weges, neben einer Sitzecke, oder im Randbereich des Gartens, etwa entlang des Zaunes, ist für dieses Würzbeet ausreichend. Um den Pflanzen ein optimales Anwachsen zu ermöglichen, ist es vorteilhaft mit offenem Boden zu beginnen. In eine bestehende Grasnarbe zu pflanzen ist immer problematisch. Der Boden dieses Würzbeetes sollte humos, gut gelockert und eventuell mit Sand durchmischt sein. Etwas reifer Kompost und Sand verbessern Struktur und Aufbau eines frisch umgebrochenen Bodens.

Die Lage kann von vollsonnig bis halbschattig variieren. Ziel dieses Beetes ist es, später mit wenig Pflegeaufwand eine harmonische Pflanzengemeinschaft zu bilden. Die gepflanzten Würzkräuter sind dominante und wuchskräftige Pflanzen, die sich auch bei einwandernden Gräsern gut durchsetzen können. Das Beet kann also teilweise verwildern. Im Herbst wird es dann wie eine Wiese mit der Sense abgemäht, oder noch besser über den Winter stehen gelassen und erst im Frühling werden dann die abgestorbenen Pflanzenreste entfernt.

Die im Folgenden porträtierten Pflanzen passen gut in die Gewürzwiese. Die angeführten Würzpflanzen gehören nicht alle zum Standardsortiment der Küchenkräuter, für eine experimentierfreudige Küche bringen sie jedoch viele neue Geschmackserlebnisse.

Gewürzfenchel

Foeniculum vulgare

Der Fenchel gehört zu den ältesten Kulturpflanzen, seine Heimat ist das Mittelmeergebiet, wo die Pflanze bereits vor drei Jahrtausenden verwendet wurde. Griechen und Römer schätzen den Fenchel sowohl als Gewürz als auch als Heilpflanze. Mit den Römern kam der Fenchel über die Alpen und war dort in den Klostergärten verbreitet. Heilkräftige Wirkung haben vor allem die Früchte, die reich an ätherischen Ölen sind. Sie wirken krampflösend und lindern Blähungen.

ANBAU UND ERNTE

Diese dekorative Gartenstaude wird bis zu 2 m hoch, ist ausdauernd und blüht ab dem zweiten Jahr. Der Fenchel bildet eine lange Pfahlwurzel, alte eingewachsene Bestände sind deshalb nur mehr schwer auszugraben. Er benötigt einen tiefgründigen Boden, sowie viel Licht und Wärme, damit die Samen ausreifen. Fenchel kann leicht aus Samen gezogen werden: ab April direkt ins Freiland säen und auf 40 cm Abstand ausdünnen. In Kräutergärtnereien kann man Jungpflanzen erwerben, wobei es auch eine besonders attraktive Form mit rotem Laub gibt (Bronzefenchel). In rauen Lagen ist Winterschutz nötig.

VERWENDUNG IN DER KÜCHE

Geerntet werden hauptsächlich die Früchte – die umgangssprachlich meist als Samen bezeichnet werden. Nicht nur als Brotgewürz ist der Fenchel von Bedeutung – Fenchelfrüchte geben auch eingelegtem Gemüse und Kräuteressig eine besondere Note. Besonders in der mediterranen Küche wird Fenchel für Fleisch und Geflügel, noch häufiger allerdings zu Fisch und Meeresfrüchten verwendet. Auch in der Provence wird besonders viel mit Fenchel gekocht. Die Blätter des Fenchel sind als milde Würze für Salate, Aufstriche und Soßen geeignet. Die Früchte können gut mitgekocht werden, wobei sie vorher mit einem Mörser zestoßen werden sollten. Die Blätter sind nur frisch zu verwenden.

FENCHEL IN DER HAUSAPOTHEKE

Neben seiner Verwendung als Brotgewürz, zu denen er wegen seiner blähungswidrigen Wirkung gehört, wird er meist in Still- und Kindertees verwendet. In diesen wirkt er gegen Blähungen und fördert die Milchbildung bei stillenden Müttern.

Kleiner Wiesenknopf
Sanguisorba minor
Kleine Bibernelle
Pimpinella saxifraga

Wiesenknopf und Bibernelle zählen zu den vergessenen Würzpflanzen. Sie wachsen beide wild in trockenen Wiesen oder an Wegrändern und lassen sich ganz problemlos kultivieren.

Seit dem Mittelalter ist der Wiesenknopf als Würz- und Heilpflanze geschätzt. Er hat gezähnte Blätter und lang gestielte Blütenköpfchen. Diese sehen aus, als wären viele kleine Becher zu einem Köpfchen zusammengesteckt. Der deutsche Name Becherblume deutet auf dieses Merkmal hin.

Die Blätter der Kleinen Bibernelle sehen denen des Wiesenknopfs ganz ähnlich, können aber im Geschmack ganz gut unterschieden werden, denn sie schmecken süßlich und ein wenig scharf. Die Blüte der Bibernelle ist jedoch einfach zu erkennen: eine weißlich bis rosa gefärbte Dolde. Die Blätter enthalten ein duftendes ätherisches Öl, das für die Würzkraft verantwortlich ist.

Im Mittelalter war die Pflanze besonders als Mittel gegen Pest und Cholera geschätzt, doch als die Pestgefahr verschwand geriet sie zusehends in Vergessenheit. Für medizinische Anwendungen wird vor allem die Wurzel verwendet, die bei Darmkoliken, Magenschmerzen und Verdauungsproblemen hilft. Die Wurzel findet auch bei Infektion der oberen Atemwege als Kaltauszug (bei einem Kaltauszug werden die Wurzeln in kaltem Wasser angesetzt und über Nacht stehen gelassen) Anwendung.

ANBAU UND ERNTE

Kleiner Wiesenknopf und Kleine Bibernelle sind beide ausdauernd und gedeihen auf jedem guten Gartenboden. Man findet sie wildwachsend in mageren Wiesen oder Feldrainen. Geerntet werden die jungen Blätter, die das ganze Jahr verfügbar sind, beim Trocknen geht das Aroma verloren. In speziellen Kräutergärtnereien sind Jungpflanzen erhältlich. Doch Achtung: im Volksmund und auch in vielen Kräuterbüchern wird der Wiesenknopf als Pimpinelle bezeichnet und dies führt oft zu Verwechslungen zwischen den beiden Arten.

VERWENDUNG IN DER KÜCHE

Die gezähnte, vitaminreiche Blätter des kleinen Wiesenknopfs erinnern im Geschmack etwas an Gurken. Sie verfeinern Salate, Suppen oder Aufstriche. Um Vitamine und Heilstoffe zu erhalten, sollten die Blätter frisch verwendet werden. Sie eignen sich auch zum Garnieren wie die Petersilie. Im Kräuteressig entfalten sie ebenfalls ein angenehmes Aroma. Die vitaminreichen Blätter der Kleinen Bibernelle haben vor allem im Frühling einen vorzüglichen Geschmack. Man kann damit Salate, Aufstriche, Suppen, Kräuterbutter oder aber auch Fleisch und Fisch würzen. Spinat wird im Geschmack verbessert, wenn die Blätter kurz vor dem Ende der Garzeit zugegeben werden. Um Vitamine und Heilstoffe zu erhalten, sollten die Blätter möglichst frisch verwendet werden.

Oswegokraut

Monarda fistulosa

Das Oswegokraut ist ein naher Verwandter der Goldmelisse oder Indianernessel *(Monarda didyma)*. Der Name Oswego bezeichnet einen Indianerstamm, denn wie die Goldmelisse stammt auch das Oswegokraut aus den Steppen Nordamerikas. Die Gattung Monardes wurde bereits im 16. Jhdt. von dem spanischen Botaniker Monardes als eine der wichtigsten Heil- und Teepflanzen der nordamerikanischen Indianer beschrieben. Diese setzten sie bei Erkältungen, Bronchialleiden und als Antiseptikum ein. Im Gegensatz zur Goldmelisse, sind die Blüten des Oswegokrauts meist hell- bis dunkelviolett, die Blätter haben ein intensiveres und schärferes Aroma.

ANBAU UND ERNTE

Das Oswegokraut ist ausdauernd und winterfest, durch Wurzelausläufer kann eine Pflanze innerhalb weniger Jahre zu einem beachtlichen Stock anwachsen. In einer Kräuterwiese kann sich die Pflanze gut durchsetzen, solange der Boden nicht von einer dichten Grasnarbe bewachsen ist. Das Oswegokraut bevorzugt einen sonnigen, luftigen Standort. Jungpflanzen erhält man durch Wurzelableger. Die attraktiven Blüten sind eine Bereicherung für jeden Garten und locken Bienen an.

VERWENDUNG IN DER KÜCHE

Geerntet werden die Triebspitzen und junge Blätter. Sie schmecken würzig, etwas scharf, dienen als Ersatz für Pfeffer (magenfreundlich), oder als schärfere Variante, für Oregano. Die Blätter behalten ihren Geschmack nach der Trocknung und können auf diese Weise gut haltbar gemacht werden. Der Geruch der Pflanze erinnert an eine Mischung aus Thymian und Bergamotte, einer Pflanze aus der Zitrusfamile. In Potpourris und Duftkissen hält der Duft lange an. Ein Tee aus den Blättern ist ebenfalls sehr schmackhaft vergleichbar mit dem Aroma der Minzen. Der Tee soll medizinische Wirkung bei Erkältungen haben.

TIPP **In Europa ist heute vor allem die Goldmelisse weit verbreitet und geschätzt. Ihre roten Blüten, wie auch die Blätter, können frisch und getrocknet wie die Zitronenmelisse für Säfte, Bowlen, Liköre oder Salate verwendet werden.**

Sauerampfer

Rumex acetosa

Der Sauerampfer ist eine weit verbreitete, wenn auch meist ungeliebte Pflanze unserer heimischen Wiesen. Seine Blätter enthalten Oxalsäure, die in großen Mengen genossen giftig ist. Als Beigabe zu Salaten, und in kleinen Mengen zum Würzen, bringt er jedoch einen angenehm säuerlichen Geschmack, und viel Vitamin C auf den Tisch. Vor allem in der Frühlingszeit ist er daher als Speisewürze bereits seit der Antike beliebt. Besonders in der französischen Küche wird er als Zutat zu Suppen empfohlen.

ANBAU UND ERNTE

Der Sauerampfer ist eine anspruchslose Pflanze. Am besten wird er von einer Gärtnerei bezogen, da er in der Natur leicht mit einer anderen Art verwechselt wird, und in einen nährstoffreichen Boden gepflanzt. Da der Sauerampfer eine einheimische, ausdauernde Pflanze ist, sind keine besonderen Pflegemaßnahmen notwendig. Auf mageren Standorten sollte er gelegentlich mit etwas Kompost gedüngt werden. Von der Gattung Rumex gibt es in Europa 49 weitere Arten. Der Garten-Ampfer *(R. patientia)* wurde früher wegen seiner schmackhaften Blätter in Gemüsegärten angebaut, auch der Schöne Ampfer *(R. pulcher)* zeichnet sich durch zarte Blätter aus. Alle anderen Arten dieser Gattung sind wegen des bitteren Geschmacks nicht essbar.

VERWENDUNG IN DER KÜCHE

Die Blätter des Sauerampfer sind stark sauer und haben einen erfrischenden Geschmack. Als Suppe zubereitet, oder als Zugabe zu Kartoffelgerichten, entfalten sie ein gutes Aroma. Die gehackten Blätter können auch Salate, Soßen, Aufstriche und Kräuterbutter würzen, oder zusammen mit Spinat gekocht werden.

SAUERAMPFER IN DER HAUSAPOTHEKE

Durch seinen hohen Gehalt an Vitamin C und Mineralstoffen eignet er sich gut als erster Vitaminlieferant im Frühjahr. Sauerampfer wirkt appetitanregend und leicht abführend, doch wegen des hohen Oxalsäuregehaltes sollte er nicht in zu großen Mengen und nicht zu häufig verzehrt werden.

Schmalblatt-Doppelrauke

Diplotaxis tenuifolia

Diese Pflanze mit dem wenig ansprechenden Namen wird im Volksmund auch Schweinebratenkraut genannt. Dieser Name ist viel aussagekräftiger, riecht doch die Pflanze intensiv nach Schweinebraten, manche meinen nach angebranntem Schweinebraten. Mit diesem Geruchseffekt wird jeder Gast zu überraschen sein. Für die kräuterkundigen Besucher wird jedoch der Geruch und auch die Form der Blätter eindeutig eine Ähnlichkeit mit Rucola aufweisen. Diese einjährige Salatpflanze, die wie die Doppelrauke aus der Familie der Kreuzblütler stammt, erfreut sich bei uns wachsender Beliebtheit. Im Gegensatz zum kurzlebigen Rucola ist die Doppelrauke jedoch mehrjährig.

ANBAU UND ERNTE

Die Doppelrauke ist eine anspruchslose Pflanze, die wild wachsend an Wegrändern, in Pflasterritzen und in trockenen Brachen zu finden ist. Sie kann leicht aus Samen gezogen werden und sät sich an passenden Standorten selbst aus. Die Doppelrauke kommt ohne viel Pflege aus, ist nicht anfällig und wird von Schnecken nicht gerne gefressen. Gegen starke Konkurrenz von Gräsern oder Wurzelunkräutern kann sie sich allerdings nicht durchsetzen. In einer Kräuterwiese braucht sie einen Randplatz, der immer wieder ein wenig ausgejätet wird. Die Blätter sollten vor der Blüte geerntet werden, denn danach werden sie zunehmend bitter.

VERWENDUNG IN DER KÜCHE

Die Doppelrauke kann in der Küche wie Rucola verwendet werden. Die Blätter geben Blattsalaten einen pikanten, leicht nussigen Geschmack. Man kann die gehackten Blätter auch zur Garnierung von mediterranen Speisen und Nudelgerichten verwenden. Eine kleine Portion Blätter der Doppelrauke mit Olivenöl und frisch geriebenem Parmesan ist ein ausgezeichneter, appetitanregender erster Gang für eine italienische Speisefolge. Die Blätter werden am besten frisch zubereitet, denn beim Kochen verliert die Doppelrauke sehr rasch an Aroma.

Kräuterbeete für einjährige und zweijährige Würzpflanzen

Koriander

Alle einjährigen und zweijährigen Würzpflanzen brauchen ein Beet, wo der Boden neu bearbeitet wird, um die Aussaat zu ermöglichen. Im Gemüsegarten hat sich die Fruchtfolge innerhalb des Jahres, wie auch der Fruchtwechsel bestens bewährt. Auch bei den Kräutern sollte darauf geachtet werden, die Einjährigen immer wieder auf andere Plätze zu säen. Dabei ist darauf zu achten, dass der »Vorgänger« nicht die gleichen Ansprüche wie der Nachfolger stellt. Die Bodenvorbereitung erfolgt wie im Gemüsegarten, wobei eine starke Düngung entfällt, da die Kräuter in einem sehr nährstoffreichen Boden weniger Aroma entwickeln. Gesteinsmehl, etwas Sand und reifer Kompost bieten sich hier zur Bodenverbesserung an.

Vor der Aussaat wird die Erde leicht angedrückt, dann wird ausgesät und nochmals etwas Erde darüber gesiebt, angegossen und die Saatreihe gekennzeichnet. Die Saat wird nur bei einigen wenigen Kräutern tiefer gelegt, das sind die sogenannten Dunkelkeimer, wie z.B. Anis und Dill. Um die Aussaat vor dem Austrocknen zu bewahren und die Keimung zu beschleunigen, bietet sich ein Vlies an. Die meisten einjährigen Kräuter keimen eher langsam, daher empfiehlt es sich in Reihen zu säen. Der Boden zwischen den Reihen kann dann leichter unkrautfrei gehalten werden. Die jungen Keimlinge sind auch eine Delikatesse für Schnecken. Ein Vlies, das rundherum im Boden eingegraben wird, kann die kleinen Pflanzen kurzzeitig schützen.

In der Mischkultur mit Gemüse bewähren sich viele einjährige Würzkräuter am besten. Lässt man einige Samenstände über den Winter in den Beeten, säen sich manche Pflanzen selbst aus. Hat man gelernt die Keimlinge zu erkennen, tauchen die Würzkräuter überall im Garten wieder auf. Diese Kräuter brauchen im Gemüsegarten zwar Platz, doch wirken sie sich positiv auf die Mischkultur aus, indem sie die Vielfalt erhöhen, Nützlinge anziehen, und einer einseitigen Nutzung des Bodens vorbeugen.

Anis

Pimpinella anisum

Anis stammt aus dem östlichen Mittelmeergebiet und wird schon seit der Antike als Gewürz- und Heilpflanze angebaut. Wer heute Aniskekse bäckt, kann dabei auf eine mehrere tausend Jahre alte Tradition zurückblicken. Wie so oft in Kräuterbüchern und Pflanzenbeschreibungen zu lesen ist, haben »schon die alten Römer« Anis für Feingebäck und Brot verwendet. In unseren Breiten ist der Anbau manchmal nicht erfolgreich, da die Vegetationszeit kurz ist, und die Pflanzen nicht zur Blüte und Samenreife kommen. Das Hauptanbaugebiet liegt daher nach wie vor in den Mittelmeerländern.

ANBAU UND ERNTE

Anis benötigt einen lockeren, leichten Boden an einem warmen, sonnigen Platz. Im Weinbauklima ist eine Aussaat im Freiland möglich, im Bergland sollten die Pflanzen vorgezogen werden. Die Aussaat erfolgt im April oder Mai direkt am Standort, wobei die Samen gut mit Erde bedeckt werden sollten (Dunkelkeimer). Die Keimung kann bis zu vier Wochen dauern. Erscheinen die ersten Pflänzchen, werden sie auf einen Abstand von 10–15 cm vereinzelt. Die Ernte beginnt, wenn die ersten Dolden sich bräunlich färben. Die Pflanzen werden dann abgeschnitten und in Sträußen kopfüber aufgehängt, damit alle Dolden nachreifen können. Ein Tuch unter den Kräuterbüscheln fängt die ersten herunterfallenden Samen auf. Reife Dolden lassen sich leicht ausklopfen.

VERWENDUNG IN DER KÜCHE

Anis gehört wie Fenchel, Koriander und Kümmel zu den Brotgewürzen. Feingebäck und Kuchen bekommen mit Anis ein besonderes Aroma, das gut in die Weihnachtszeit passt. Eine weitere wichtige Anwendung des Anis sind Schnäpse und Liköre, denen er zu einem besonderen Aroma verhilft.

ANIS IN DER HAUSAPOTHEKE

Anis lindert wie die anderen Brotgewürze Blähungen und regt die Verdauung an. Auch in Tees können die zerstoßenen Samen ihre Wirkung entfalten; sie helfen gegen Husten und stärken die Verdauung.

Dill

Anethum graveolens

Der Dill stammt ursprünglich aus Zentralasien und zeigt in seinen Merkmalen eine Anpassung an ein heißes Sommerklima. Der Stängel ist von einer dünnen Wachsschicht überzogen um die Verdunstung zu verringern; auch die fein gefiederten Blätter erfüllen diese Funktion. In Kultur ist der Dill schon sehr lange. Er wird in der Bibel erwähnt, Römer und Griechen schätzten ihn, und im Mittelalter hatte er einen festen Platz in den Klostergärten.

Dieses einjährige Doldengewächs, das früher als Heil- und Zauberpflanze verwendet wurde, wächst in manchen Gärten wie Unkraut – in anderen wiederum bemüht sich die Gärtnerin oder der Gärtner vergebens. Dill ist eine Pflanze mit Launen.

ANBAU UND ERNTE

Dill benötigt einen vollsonnigen Standort auf leichten, lockeren Böden. Lehmigen, verfestigten Boden liebt er nicht. Ab April, in kälteren Gegenden ab Anfang Mai, kann ausgesät werden. Zu dichte Saaten werden ausgedünnt, denn er lässt sich schwer verpflanzen. Oft lässt sich nicht erklären, warum die Keimung misslingt. Behelfen kann man sich, indem man eine Handvoll frischen Dillsamen quer über den ganzen Garten streut. Vielleicht findet sich dabei ein Standort, der dem Dill behagt. Es ist auch günstig die Dolden zur Vermehrung in Eigenaussaat stehen zu lassen. Die grünen Blätter des Dill können laufend geerntet werden. Die Samen benötigen relativ lange um auszureifen. Die Ernte beginnt, wenn sich die ersten Dolden bräunlich färben. Die Pflanzen werden dann abgeschnitten und in Sträußen kopfüber aufgehängt, damit alle Dolden nachreifen können. Ein Tuch unter den Kräuterbüscheln fängt die ersten herunterfallenden Samen auf. Reife Dolden lassen sich leicht ausklopfen.

VERWENDUNG IN DER KÜCHE

Der charakteristische, süße Geschmack der Dillblätter verfeinert mit seinem Wohlgeschmack Fisch- und Gurkengerichte, sowie Salate und diverse Soßen. Weiters ist Dill unentbehrlich für die Herstellung von Kräuteressig. Die Blätter, die reich an Mineralstoffen sind, werden nicht mitgekocht und nur frisch verwendet. Die Früchte sind etwas schärfer im Geschmack und werden daher eher für Eintöpfe, Gemüsegerichte, oder zum Einlegen von Gurken verwendet. Milchreife Samen, oder auch ein ganzer Blütenkopf, verleiht in Essig eingelegtem Gemüse einen feinen Geschmack. Tee aus den zerstoßenen Samen wirkt appetitanregend, krampfstillend, und fördert die Milchbildung.

Kerbel

Anthriscus cerefolium

Die frühe Geschichte des Kerbel liegt im Dunkeln; gesichert ist nur die Verwendung in der römischen Küche und der Anbau in Klostergärten. Als kälteunempfindliche, robuste Pflanze war er vor allem im Frühjahr ein willkommenes Gartengewächs und zählte zu den Speisen der Fastenzeit vor Ostern. Durch seine blutreinigenden, ausleitenden Eigenschaften bewährt er sich gut für eine Frühjahrskur.

ANBAU UND ERNTE

Als einjährige Pflanze, die nicht sehr kälteempfindlich ist, kann der Kerbel bereits im März ausgesät werden. Er keimt rasch, geht aber auch bald in Blüte. Besonders gute Blatterträge gibt es im Frühjahr bis Mitte Mai, sowie von August bis Oktober. Im Hochsommer bilden sich aufgrund der Tageslänge verstärkt Blüten. Er bevorzugt einen humosen, feuchten Boden und einen Standort im Halbschatten. Es gibt unterschiedliche Sorten, die sich hauptsächlich an der Blattkräuselung unterscheiden lassen (glattblättrige, krause und mooskrause Formen). Eine Aussaat im Herbst kann in milden Gegenden überwintern, sodass im Frühling gleich frischer Kerbel zu ernten ist.

VERWENDUNG IN DER KÜCHE

Der Kerbel wird ähnlich wie Petersilie verwendet, wobei sein Aroma nicht besonders kochfest ist. Er schmeckt etwas würziger als Petersilie und verfeinert Suppen, Saucen, Eierspeisen und Salate, aber auch Fisch- und Fleischgerichte. Die frischen Blätter werden gehackt und am Ende der Kochzeit zum Garnieren verwendet. Im Frühling passt der Kerbel besonders gut in Kräuterbutter oder in Topfenaufstriche. Kräuteressig gewinnt durch den Zusatz einiger Kerbelblätter. Kerbel ist eine der vier Komponenten der Kräutermischung »fines herbes«, die besonders in Frankreich zum Würzen von Salaten beliebt ist. Die getrockneten Blätter sind nicht mehr sehr aromatisch, Kerbel kann daher nur tiefgefroren konserviert werden.

TIPP **Kerbel kann auch in Töpfen gezogen werden, sollte jedoch immer im Freien und am besten im Halbschatten angebaut werden. In einem warmen Zimmer gezogen, verliert er leicht seine dunkelgrüne Farbe und beginnt schnell zu blühen.**

Koriander
Coriandrum sativum

Über den Koriander gibt es viel zu erzählen. Er hat eine lange Geschichte, die bis in die Kultur des Zweistromlandes zurückreicht. In der asiatischen Küche hat er seit mehr als 3000 Jahren einen wichtigen Stellenwert. Der Koriander ist ein Gewürz, das gerade in letzter Zeit wieder eine Renaissance erfährt. Vor allem diejenigen, die gerne asiatische Rezepte verwenden, greifen zu Koriander, und zwar nicht nur zu den Früchten, sondern vermehrt auch zu den grünen Blättern. Diese haben einen ganz starken Geruch, der schon im Mittelalter auf große Ablehnung gestoßen ist: Leonhard Fuchs schreibt 1543 in seinem Kräuterbuch: »kein wantz kan nit so übel stincken, als der gruen Coriander.« Doch gerade dieses intensive Aroma wird von den Koriander-Liebhabern geschätzt.

ANBAU UND ERNTE

Im Garten stellt der Koriander keine besonderen Ansprüche. Ab April kann ausgesät werden, wobei die Samen mit ca. 1 cm Erde bedeckt werden sollten. Ein leichter, gut durchlässiger Boden in voller Sonne ist vorteilhaft. Wer die Samenkörner ernten möchte, tut gut daran, die Pflanze ab dem Hochsommer genau zu beobachten. Sobald sich die ersten Dolden braun färben, werden die ganzen Pflanzen geschnitten und in Sträußen kopfüber aufgehängt, damit alle Dolden nachreifen können. Ein Tuch unter den Kräuterbüscheln fängt die ersten herunterfallenden Samen auf. Reife Dolden lassen sich leicht ausklopfen. Koriander im Garten an einem sonnigen Standort gezogen, belohnt mit besonderem Aroma, das meist intensiver ist als bei gekaufter Ware. Wer in erster Linie die Blätter ernten will, sollte dazu eine eigene Sorte wählen (Blattkoriander Cilantro), die in speziellen Kräutergärtnereien angeboten wird. Diese Züchtung entwickelt viele zarte Blätter mit mildem Geschmack und die Samenreife erfolgt erst spät. Geerntet werden die Blätter bis zur Blüte.

VERWENDUNG IN DER KÜCHE

Korianderfrüchte finden vielseitig Anwendung in Suppen, Soßen, Fisch- und Fleischgerichten, sowie in Salaten und Bäckereien. Traditionell wurde er bei uns vor allem als Brotgewürz verwendet. In Essig eingelegt, so z. B. beim Rote-Rübensalat entfaltet er sein nussiges Aroma. Früchte und Blätter besitzen völlig verschiedene Aromen und können einander daher nicht ersetzen. Die Blätter finden vor allem in asiatischen Speisen Verwendung, können aber auch eine einfache Eierspeise zu einem spannenden Gericht machen. Sie sollten nur frisch verwendet und nicht lange mitgekocht werden.

Kümmel

Carum carvi

Der Kümmel ist eines der wenigen Gewürze, das nicht aus dem Mittelmeergebiet stammt, sondern wahrscheinlich in Mitteleuropa heimisch ist. Auf Viehweiden, Almen und Bergwiesen finden wir auch heute noch den wilden Wiesenkümmel, er sollte jedoch wegen der Verwechslungsgefahr nur bei sehr sicherer Bestimmung wild gesammelt werden. Er zählt zu den ältesten Gewürzpflanzen. Seine Geschichte ist nicht ganz einfach zu verfolgen, denn er wurde häufig mit dem Kreuzkümmel, der vor allem bei den Römern beliebt war, verwechselt. Das deutsche Wort »Kümmel« leitet sich vom lateinischen *cuminum* für Kreuzkümmel ab, und wurde auf die in Deutschland beliebte Pflanze übertragen. In der südeuropäischen Küche wird man auch heute noch vergebens nach Speisen mit Kümmel suchen. Er ist ein typisches Gewürz der österreichischen und deutschen Küche.

ANBAU UND ERNTE

Kümmel ist ein zweijähriger Doldenblütler: im ersten Jahr erscheint nur eine Blattrosette und im zweiten Jahr beginnt er zu blühen. Er benötigt einen tiefgründigen, lehmigen Boden, der kalkhältig und gut mit Wasser versorgt ist.

Zur Ernte sollten die Dolden bei 70–80% Samenreife mit den Stängeln abgeschnitten, kopfüber aufgehängt und nach dem Trocknen die Samen ausgeklopft werden.

VERWENDUNG IN DER KÜCHE

Kümmel ist in unserer Hausmannskost wohl eines der am meisten eingesetzten Gewürze. Nicht zu unrecht, denn er entfaltet neben einem sehr starken Aroma auch seine wohltuende Wirkung auf Magen und Darm. Dies wird nicht nur bei Kohl- und Fleischgerichten genutzt; auch als Brotgewürz, in blähungshemmenden Kindertees oder als Stilltee finden die Früchte Verwendung. Sauerkraut und Kohlgerichte, aber auch Schweinebraten sind ohne Kümmel nicht vorstellbar.

Echte Kümmelfreunde verwenden immer die ganzen Früchte. Kümmelaroma passt nicht besonders zu den meisten anderen Gewürzen, nur die Kombination mit Knoblauch ist harmonisch. Einige Käsesorten enthalten Kümmelkörner. Kümmel in Milch gekocht ist ein wirksames Hustengetränk.

Safran

Crocus sativus

Safran ist eines der edelsten und teuersten Gewürze. Kultiviert wurde der kleine Herbstkrokus bereits vor Christi Geburt, die Pflanze hat sich in der langen Geschichte ihrer Kultivierung soweit an den Menschen angepasst, daß ihre Blüten steril wurden. Heute ist seine Vermehrung daher auf die Zwiebelteilung angewiesen. Der im Herbst blühende Krokus liefert mit seinen Narben (weibliche Teile der Blüte) den Safran. Die Safranfäden waren und sind ein kostbares Gewürz, denn für 1 Kilogramm Gewürz müssen 100.000 bis 200.000 Blüten von Hand abgesammelt werden. Wegen seiner Kostbarkeit und Seltenheit wird Safran im Handel häufig verfälscht.

Dazu einige Hinweise: keinen gemahlenen Safran kaufen. Die Fäden sollten dunkelrot und biegsam sein, fühlen sich etwas fettig an und lassen sich schwer pulverisieren. Sie haben einen starken, leicht bitteren Geruch und Geschmack und färben die Finger beim Reiben dunkelrot. Safran, der feucht und klebrig ist, zwischen den Fingern nicht abfärbt, schwachen Geruch und Geschmack hat, hellgelbe Fasern zeigt, ist nicht so gut bzw. verfälscht.

ANBAU UND ERNTE

Safran gedeiht bei uns in den Weinanbaugebieten, in rauen Gegenden ist der Anbau wahrscheinlich nicht Erfolg versprechend. Er benötigt einen sandigen, durchlässigen Boden. Die rundlichen Zwiebeln werden im August 5–10 cm tief gelegt. Im Oktober erscheint auf einem kurzen, hohen Schaft der blau-violette Herbstkrokus, der leicht mit den Herbstzeitlosen zu verwechseln ist. Erst nach der Blüte bilden sich die grasartigen Blätter aus, die im Frühjahr absterben. Die Blüten werden bald nach dem Aufblühen in den Morgenstunden gepflückt, auf einer großen Fläche ausgebreitet, die Narben vorsichtig abgenommen, in einem Backrohr 24 Stunden lang getrocknet. Die Zwiebel vermehren sich mit der Zeit, wenn ihnen der Standort behagt. Nach 3–4 Jahren sollten sie im August ausgegraben und wieder vereinzelt werden.

VERWENDUNG IN DER KÜCHE

Safran ist in unserer heutigen Küche nicht mehr so weit verbreitet und etwas in Vergessenheit geraten. Das ist schade, sorgt er doch mit seinem einmaligen Aroma und seiner gelben Farbe für einen wahren Augen- und Gaumenschmaus. Für Reisgerichte, Risotto, Soßen und Kuchen ist er gut zu verwenden. Seine Inhaltsstoffe sind wasserlöslich, er kann z.B. über Nacht eingeweicht und die entstandene gelbe Flüssigkeit zum Würzen verwendet werden. Eine kleine Menge (eine Messerspitze) reicht aus, um eine intensive Färbung und ausreichendes Aroma zu erzielen. Die trockenen Safranfäden sollte man nicht direkt zum Kochen verwenden. Safran hat eine wohltuende und erwärmende Wirkung auf Magen und Darm. Schwangere sollten ihn nicht in großen Mengen genießen.

Wacholder

Juniperus communis

Der Wacholder ist ein Strauch oder kleiner Baum unserer heimischen Flora, um den sich viele mythologische Vorstellungen ranken. Als immergrünes Gewächs wird ihm viel Lebenskraft zugeschrieben, in manchen Gegenden wird er auch Lebensbaum genannt. Er ist eine typische Pflanze der Viehweiden oder Allmenden, wo er auf Grund seiner stacheligen Nadeln nicht verbissen wird. Die Zapfen, die im Volksmund Beeren genannt werden, sind schon seit der Antike ein wichtiges Würzmittel. Er ist das einzige Beispiel für ein Gewürz aus der Gruppe der Nadelhölzer, und auch eines der wenigen Gewürze aus dem gemäßigten bis kühlen Klima. Die Beeren wurden auch als Heilmittel und zum Ausräuchern der Räume verwendet. Sie wirken antiseptisch und harntreibend. Obwohl sie für gesunde Menschen als harmlos gelten, wird von der Verwendung von Wacholder bei Personen mit Nierenschwäche und bei Schwangeren abgeraten.

SAUERKRAUT

Frisch geerntetes Weißkraut wird gehobelt und zusammen mit Sauermilch, Salz, Wacholder, Kümmel und einigen Lorbeerblättern in einen Gärtopf (in Reformhäusern erhältlich) oder in einem größeren Rexglas eingelegt, indem man das Kraut immer wieder fest zusammendrückt, bis Wasser austritt. Bei Raumtemperatur wird das Kraut einer Milchsäuregärung unterzogen und dadurch haltbar gemacht. Gelagert wird es in einem kühlen, dunklen Raum.

ANBAU UND ERNTE

Im Garten sind viele Zierformen des Wacholders in Verwendung, man muss daher beim Einkauf einer Pflanze darauf achten die Wildform zu bekommen. In diesem Fall ist der lateinische Name wichtig. Außerdem ist die Pflanze zweihäusig, nur die weiblichen Pflanzen tragen Zapfen. Wer Wacholderbeeren ernten will, muss weibliche und männliche Pflanzen setzen und außerdem viel Geduld beweisen. Die Beeren benötigen 2–3 Jahre zu ihrer Reifung. Im ersten Jahr sind sie nur grün, erst im zweiten Jahr nehmen sie die bekannte schwarzblaue Farbe an. Wacholder kann gut auf mageren, sandigen Böden wachsen. Er ist sehr anspruchslos und verträgt auch Trockenheit.

VERWENDUNG IN DER KÜCHE

Wacholder ist ein wichtiges Gewürz in den Alpenländern. Für Sauerkraut oder Wildgerichte ist er unentbehrlich. Er verträgt sich gut mit Pfeffer und Lorbeerblättern. Zerdrückt man die Beeren unmittelbar vor der Verwendung, wirkt der Geschmack noch stärker.

Mit Nase und Fingerspitzen – Richtig würzen

Der Umgang mit Gewürzkräutern verlangt Fingerspitzengefühl und eine gute Nase. Besonders deshalb, weil die Qualität einer guten Küche stark von den würzenden Beigaben abhängt. Ein Sträußchen frischer Petersilie kann jeden Eintopf in ein spannendes Gericht verwandeln. Frische Kräuter haben ein ungleich kräftigeres und frischeres Aroma. Die Kunst des Würzens beginnt daher im eigenen Garten oder auf dem Balkon. Die gekonnte Beigabe der richtigen Kräutlein will gelernt sein, dann ist die Vielfalt von Gerichten und Kräutern beinahe unbegrenzt.

Der Umgang mit Würzkräutern

Das Spannende an den Würzkräutern ist, dass ihr Geschmack nie langweilig wird. Im Gegenteil: je mehr man sich mit den verschiedenen Pflanzen beschäftigt, desto mehr genießt man die individuellen Eigenheiten und möglichen Kombinationen der Kräuter. Der Geschmackssinn verfeinert sich und so manches Kräutlein kann einen geradezu süchtig machen. Daher sollte auch die Nase beim Kochen immer mit beteiligt sein.

Den Geschmack einer Speise genau zu beschreiben ist sehr schwierig, deshalb ist es auch fast unmöglich genaue Mengen- und Mischungsverhältnisse anzugeben. Zu unterschiedlich ist die Qualität der Kräuter. So bleibt das Würzen oft das Geheimnis der Köchin oder des Kochs und ist Ergebnis ihrer ganz persönlichen Kreativität. Dabei ist nicht nur ausschlaggebend, ob die Kräuter frisch geerntet oder getrocknet wurden, die Geschmacksqualität wird auch vom Standort und Boden beeinflusst. Im Naturgarten, wo mit Kompost gearbeitet wird und die Pflanzen standortgerecht angebaut werden, kann Thymian ein anderes Aroma entfalten als eine gedüngte Topfpflanze im künstlichen Licht eines Supermarkts.

Das Wichtigste bei der Verwendung von Würzkräutern

DIE QUALITÄT DER KRÄUTER: Wer einmal mit frischen, hoch aromatischen Kräutern gekocht hat, wird in Zukunft ungern zu der getrockneten Ware aus dem Regal greifen. Auch der Anbau spielt für die Qualität eine große Rolle.

Bärlauchstrudel

SCHONENDE AUFBEREITUNG: Die Pflanzen sollten möglichst frisch geerntet werden, eventuell kann man sie auch wie Schnittblumen einwässern. Ein scharfes Messer oder ein Wiegemesser sind am besten zum Zerkleinern geeignet. Ein Mixer oder ein stumpfes Messer zerquetschen die Zellen, statt sie zu zerkleinern und das beeinträchtigt den Geschmack.

VERWENDUNG VON KERAMIK ODER GLASGEFÄSSEN: Zerkleinerte Kräuter reagieren stark auf ihre Umgebung. Sie sollten daher nicht irgendwo abgelegt, sondern in Glasschälchen oder auf einem Teller aufgehoben werden.

SEHR WESENTLICH IST AUCH DIE RICHTIGE MENGE: Frische Kräuter sind bis auf wenige Ausnahmen intensiver als getrocknete, daher benötigt man von letzteren eine größere Menge. Manche Arten wie die Weinraute z. B. würzen sehr aufdringlich, die Menge muss daher vorsichtig ausprobiert werden. Arten wie Petersilie oder Kerbel sollten hingegen großzügig verwendet werden. Das Wichtigste dabei ist das Experiment. Kein Kochbuch kann bei den Würzmitteln genaue Mengenangaben machen, da die Qualität des Ausgangsmaterials so unterschiedlich sein kann.

DER ZEITPUNKT DER BEIGABE: Die meisten Würzkräuter enthalten neben den ätherischen Ölen auch viele Vitamine, daher sollten sie nicht lange mitgekocht werden. Es gibt jedoch einige Ausnahmen, die auch in den Pflanzenporträts besprochen wurden. Generell kann man sich damit behelfen, dass man einige Kräuter kurz vor Ende der Garzeit beigibt und den Rest erst kurz vor dem Servieren untermischt.

GEMAHLENE GEWÜRZE HABEN EINEN STARKEN AROMAVERLUST: Wer Kümmel, Fenchel oder Anis im Garten zieht, wird den intensiven Geschmack der Früchte kennen und schätzen gelernt haben. Im Vergleich dazu wird das gekaufte Kümmelpulver nicht mithalten können. Generell erleiden gemahlene Gewürze den stärksten Aromaverlust. Die Zellen werden beim Mahlen aufgebrochen und das ätherische Öl wird langsam aber sicher entweichen. Wer daher Gewürze kauft, sollte möglichst nicht nach der gemahlenen Sorte greifen.

Zeit der Beigabe von Kräutern

Lange mitkochen	Knoblauch, Liebstöckel, Rosmarin
Kurz ziehen lassen	Anis, Bohnenkraut, Bärlauch, Bärwurz, Currystrauch, Doppelrauke, Estragon, Eberraute, Früchte von Fenchel, Gundelrebe, Koriander, Kümmel, Majoran, Oregano, Oswegokraut, Salbei, Thymian, Sauerampfer, Weinraute
Frisch verwenden	Bärwurz, Basilikum, Bibernelle, Bärlauch, Dill, Doppelrauke, Eberraute, Estragon, Fenchelblätter, Gundelrebe, Kerbel, Knoblauchsrauke, Korianderblätter, Majoran, Oregano, Oswegokraut, Petersilie, Sauerampfer,Schnittlauch, Süßdolde, Tripmadam, Wiesenknopf, Ysop

IMPRESSUM

PROJEKTLEITUNG Elke Papouschek für avBUCH
LEKTORAT & HERSTELLUNG
Claudia Stoifl für avBUCH, Wien
KORREKTORAT Axel Fussi, transculture, Wien
GRAFISCHE GESTALTUNG & SATZ Alexander Schuh, o- büro für visuelle kommunikation, Wien
BILDREPRODUKTION Hantsch & Jesch PrePress Services OEG, Leopoldsdorf bei Wien
ILLUSTRATIONEN Doris Papouschek, Wien
DRUCK LVDM Landesverlag Denkmayr, Linz
Printed in Austria

ISBN 3-7040-2135-0

Literaturempfehlungen

Erckenbrecht, Irmela: Die Kräuterspirale. Pala Verlag, Darmstadt 2003.

Katzer, Gernot: Gernot Katzers Gewürzseiten im Internet. www.uni-graz.at

Kreuter, Marie-Luise: Kräuter und Gewürze aus dem eigenen Garten. BLV, München 2003.

Zizenbacher, Petra: Gewürze. Apotheke über dem Herd. Freya Verlag, Linz 2003.

Bildquellen

Umschlag: A. Thinschmidt & D. Böswirth

Bildarchiv Laux: Seite 3, 22, 24, 26–30, 37, 39, 40, 43, 44/45, 51, 53 oben, 54–59, 63, 65–69

A. Thinschmidt & D. Böswirth: Seite 4/5, 6–19, 20/21, 23, 25, 31–36, 38, 41–42, 46–50, 52–53 unten, 60–62, 64, 70–76